ちょうどいいわがまま

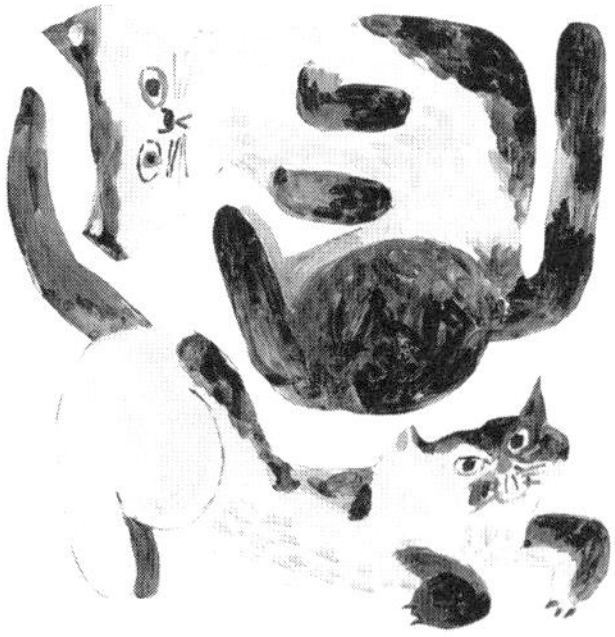

鎌田 實

かんき出版

はじめに……「はみ出し者」で生きるというわがまま

「ちょうどいいわがまま」という生き方が、いまの時代の日本人に必要です。残念ながら僕たちの国は経済大国から急激に下降線をたどっています。異次元の金融緩和のもと、「円安のほうが輸出はしやすい」なんて呑気《のんき》に構えているうちに、その円安を利用されて、外国人に日本の土地やホテルやマンションを買いあさられるようになってしまいました。

こんな閉塞した時代にこそ「わがまま」が大事になるのです。「もっととんがれ！」のすすめです。「とんがれる人は、もっと、とんがっていい」と僕は思っています。腹を据えて、チャレンジをする姿勢しか、この国を元気にする方策はありません。

そのためにはまず、日本人が得意な「右へならえ」をやめること。それぞれが生き方を変えて、右へ向かう人、左を向く人、後ろを向く人、背伸びをする人、ジャンプをする人、ジグザグに歩く人……一人ひとりがユニークでおもしろい生き方をするように、少しずつでもいいから、軌道修正していくことが大事なのです。

「わがまま」と聞くと、プラスよりもマイナスのイメージが強いでしょう。いまの日本社会で「わがままに生きる」などというと、「周囲に迷惑をかける」とか「人間関係が壊れるよ」なんて忠告されたり、周囲から浮いてしまって、「生きづらい」「やりにくい」と感じるケースもあります。確かに日本社会は生きづらい！

国連が設立した「持続可能な開発ソリューション・ネットワーク（ＳＤＳＮ）」が毎年発表する「世界幸福度ランキング」では、２０２３年には日本は総合点で世界47位なのです。ＧＤＰは24位と、かつてより大幅に後退しているものの、それでもまだ豊かな社会。しかも健康寿命は2位と、世界でも有数の健康長寿の国。それなのに幸福度は47位と先進国では下位の部類。それは、「個人の選択肢の自由」がなく、「社会の寛容性」が低いせいだと言われています。

ではなぜ日本には「選択肢の自由」や「社会の寛容性」がないのか？　これはやはり、日本は同調圧力が強い国だからなのでは、と僕は思います。それを象徴するように、「空気を読む」「我慢は美徳」「出る杭は打たれる」など、日本語は「同調」を求める言葉に事欠きません。日本は「個人の自由」よりも「集団の和」を尊重し、波風立てず周りに合わせる人を評価する文化で、周囲に合わせられない人は「はみ出し者」のレッテルを貼られてしまう。

それが、他人が自分の行動をどう見ているかを意識し、「正しいかどうか」の判断は、常に「世間」によって決めるという傾向が強いのです。

人間は、自分でコントロールできない状態にストレスを感じます。いつも周囲に合わせて生きていると、肝心の自分自身を見失い、どんなふうに生きたいのか、どうすれば充実した人生が送れるのかわからなくなってしまう。自分の人生なのに、他人に気を遣ってばかりではつまらないものになってしまう。それが「生きづらさ」を感じる原因になっているのでしょう。

そこで「適度にわがままになろう」というのが本書の趣旨です。

でも、「適度」というのが難しい……。そこでこの本では、「適度」の幅を徐々に広げて考えていきたいのです。僕自身、こぢんまりとしたわがままではなく、いつかは同調圧力からはみ出し、「打たれにくい出る杭」になろうと言い聞かせ続けてきました。

「一度きりの人生、そのためには欲望を解放させよう」と、僕は自分自身に言い続けています。

表紙に猫を登場させました。猫は頻繁に硬いものに爪をこすりつけ、研ぎ澄まし、好奇心旺盛で動くものを追いかけます。単独行動を好み、拘束されることを嫌うようです。表紙の猫君のように、ドライでクールだけどやんちゃでちょっと熱い「ちょうどいいわがまま」的生き方を探していきます。

鎌田 實

ちょうどいいわがまま◎もくじ

第1章 「ありのまま」を目指して生きる

第2章　「がんばらない」というわがまま

第3章　「心のものさし」を変えて自由に生きる

第4章　わがままでも「人と上手につながる」ことはできる

第5章　「自分らしさを貫く」というわがまま

装丁：石間淳
装画：楓真知子
校正：円水社
DTP：システムタンク
編集協力：未来工房（竹石健）

第1章
「ありのまま」を目指して生きる

考えるな、感じるままでいろ

「Don't think. Feel!」は、日本語では「考えるな、感じるままでいろ」。ブルース・リーの名言で、世界中にカンフーブームを起こした映画『燃えよドラゴン』に出てくる言葉です。彼はワシントン大学の哲学科出身。隠れ哲学者でもありました。

映画の中でブルース・リーが弟子にカンフーを教えるのですが、何度やっても弟子がうまくできないときに、ブルース・リーがこの言葉を発するのです。

ポストコロナの時代にこそ、この言葉がピッタリなのではと、僕は思っています。新型コロナによって、ＩＴの活用が加速し、働き方も価値観も多様化してきました。

これまでは、「自分はこうしたい」と思っても周囲の〝空気〟に負けて、「やっぱりこうしないといけないな」と、一般的な価値観に縛られていた人も多かったでしょう。

でもコロナという時期を経て、従来のように国やメディアが発する画一的な価値観ではなく、自分自身の感性で感じたものが大事にされるようになりました。

最低限の社会のルールを守るのは、社会人としての常識です。でもそれを踏み外さない限り、これまでの「枠」から外れたワクワクする生き方も可能になりました。働き方や価値観が多様化してきて、「理性」よりも「感性」を大切に生きていく時代になったということです。自分の人生の究極の目的を自分の感性、直感で選べばいい時代がやってきたのです。ブルース・リーはこんな言葉も残しています。

「俺はお前の期待に応えるためにこの世にいるわけではない。そしてお前も俺の期待に応えるために生きているのではない」。まさに「ちょうどいいわがまま」です。

自分を変える「わがままレッスン」

*「水のようになれ」という彼の言葉も、僕は好きです。人のまねをせず、水のように変幻自在に、自分そのもので流れ続けよう。

「他人に邪魔されずに生きる」という理想のわがまま

自分の人生は、いうまでもなく自分自身のもの。だから自分の心のままに行動することが幸福感につながるはずです。でも、必要以上に周囲に気を遣いすぎて、周りの都合に合わせているから、「生きづらさ」が増してくるのではないでしょうか。

わがままに生きることは、すなわち自分の人生を好きなように生きるということです。誰に決められることもなく自分が人生の主役として、思うままに生きられるのなら、たとえ大きな失敗をしたとしても悔いは少ないはず。失敗したら、また新しい道を考えて進んでいけばいいのです。

わがままに生きれば、自分の好きなことができます。同時に「生きづらさ」を遠ざけることができます。「苦手だ」と思う人には近づかなければストレスになりません。

心底、仕事が嫌なら転職してしまえばいい。つまり「わがまま」は人生の選択肢を増やせるということです。

「嫌なことから逃げる」というと、「嫌なことを克服するのが人生というものだ」なんて批判されることもあるでしょう。でも批判されたところで、それで救われるわけではありません。自分の心と体が快適になるのなら、逃げるに限ります。

人の人生に口出しをするヤツがいても、自分さえしっかりしていればかき回されないですむのです。家族や信頼している友人の言葉以外には、耳を傾ける必要はありません。しかもときには家族や友人にも惑わされることなく自分を貫くことだってありです。自分以外の人間に邪魔されないこと、それが大事なのです。

生きていると、どうしようもなく嫌なことがあるものです。世の中にはどうしようもない人間だっているものです。何度か軌道修正ができないかを試してみて、努力しても何も変わらないときは、こちらが生き方の選択をすればいい……。

嫌なことから逃げる生き方は、ストレスを減らします。いうまでもなく、ストレスは何かを強《し》いられていたり、我慢していたりなど、自分の本意ではない場合に生まれやすく、モヤモヤとした負の感情をもたらします。

ストレスは心身に悪影響を及ぼし、倦怠感や無気力感といった精神的なものから、体調不良などの肉体的なものまで、さまざまな悪影響を自身に及ぼします。その結果、慢性炎症が起きて、動脈硬化や脳卒中、心筋梗塞、認知症などのリスクを高めてしまうのです。ストレスとがんの発症には密接な関係があることがわかってきました。

わがままに生きていれば、ストレスが減り、充実感や幸福感を多く得られるはずです。思い切りのわがまま、他人の顰蹙《ひんしゅく》を買うわがままではありません。適度でほどほどの「ちょうどいい」わがまま。その距離感を実感してみませんか。

自分を変える「わがままレッスン」

＊「嫌なことを克服するのが人生」なんて考え方は大嫌い。
＊「はみ出し者になってもいい」というくらいの心構えで生きれば、自由が増える！

「世の中が生きづらい」と感じたら……

「生きづらさ」は、ささいなことが気になったり、小さなことですぐに落ち込んだり、周りの目が気になって自分の意見が言えないという場合に感じるようです。

たとえば、理不尽なシーンがある映画や残酷なニュースで心が傷ついたり、感動するドラマやドキュメンタリーの世界に入り込んで涙が止まらなくなったりすることがありませんか。そんなふうに感じるのは、心が繊細な証拠。傷つきやすいからなのです。敏感で感受性が強いのは、他の人には見えないものが見えたり、感じられないものが感じられるということで、それは素晴らしい特性なのです。

こんな人は「センサイさん」と呼ばれたりします。あまり好きな言葉ではありませんが、でも僕は後押しします。「センサイ上等！」。それは物事の変化を敏感に感じ取れる証拠。だから小さなことにもよく気がつくし、人の気持ちに寄り添えるのです。「どうしてうまく受け流せないのだろう」「小さなことでくよくよ悩んでしまう自分が嫌いだ」なんて、自分を責める必要はありません。そんな自分がいけないんだ……なんて思うと、ますます苦しくなってしまいます。そんな「ありのままの自分」を素直に受け入れることが大切。まず自分を認め、「人と違うのは悪いことではない」と思うこと。それは自分が生まれつき持っている才能なのです。大事にすることです。

僕はイラクの子どもたちへの医療支援活動をしていますが、このボランティアに力を貸してくれるのは、そんな感性の持ち主が多いのです。困っている人に手を差し伸べたり、日常の中にささやかな幸せを見つけられる感性が、自分や周りの幸せを支える大きな力になるのです。

自分を変える「わがままレッスン」

＊「センサイ上等!」。「人と違う」と悩まないで。それはあなたの長所。

自分を苦しめる「考え方のクセ」を変えよう

といっても、考え方や行動をすぐに大きく変えることは難しい。そこで、自分を苦しめる思考法をちょっとずつでも取り除いていくことからはじめましょう。

まずは一人で抱え込まずに身近な人に相談すること。「生きづらい」という悩みはなかなか相談しにくいかもしれません。でも、一人で思い悩んでいると不安や孤独感などが大きくなり、ますます気持ちが沈んでしまうのです。

55歳でアルツハイマーの診断を受けたSさんという人がいます。いま69歳。彼は〝困りごと〟をときどき書き出して僕に送ってきます。２０２３年2月の困りごとは「梅干しを食堂に持って行くのを忘れる」「持って行ったときは食べるのを忘れる」。

笑いながら、僕はすぐに電話をします。「本人はユーモアと思っていないだろうけど、送られた側はユーモアに溢れていると感じている」と。すると彼自身が「確かにおもしろい」と笑ってくれました。

別の日は「生きる目的が見つからない」「iPadに同じ文章を何度も入力する」。またすぐに電話しました。「認知症でiPadを使っていること自体がすごいんだぞ!」とコメントすると、「生きる目的が見つからないと思うこともあるけれど、生かされていることに感謝しています」と、素敵なことを言います。

「生活に支障がなければ、細かいことは無視しておおらかに生きる」

結局、自分自身で、こうまとめました。その通り! 吐き出すということがとても大事。うまく表現しようとする必要はありません。モヤモヤした気持ちを吐き出すだけでも気持ちは晴れて心が軽くなってくるはずです。

もう一つは、「生きづらい」と思う原因をリストアップして、対処法を考えること。紙に書き出してみるのです。漠然とした不安でも、言葉にして「見える化」すると、原因がわかる場合があります。誰かに相談しているうちに見えてくることもあります。

ただし、相談したとしても、相手から気の利いたコメントなんて期待しないこと。

それでも、話しているうちにこんがらがった糸が見えてきます。そして、相談したら、「聞いてくれてありがとう。楽になった」と、きちんとお礼を述べておくこと。

そんな話を聞いてくれる友達は大事にしなければなりません。そして聞いてもらった以上は、今度は相手が問題を抱えたときは、いい聞き役になる。そうやって助け合えれば、お互いが寄りかからず、自立していくことができるのです。

こんがらがった糸がほぐれ出したら、その次は、どうすれば不安を解消できるのか、自分で対処法を考えます。すぐに明確な解決策は見つからないかもしれません。でも、「どうすればいいか」をじっくりと考えていくうちに、気持ちが前向きになっていき、行動を起こす気力が湧いてくるはずです。

自分を変える「わがままレッスン」

＊考え方のクセを変えるには、誰かに話したり、モヤモヤを言葉にして「見える化」すること。生活に支障がなければ細かいことは無視。

内向型人間のほうが「よりよく」生きられる

心理学者のカール・ユングは、人間の性格分類を「内向型」「外向型」に分けています。「なんとなく生きづらい」と感じる人は、どちらかといえば「内向型」が多い。

外向型は社会や他人から評価されることで満足感を得るのに比べ、内向型は、自分の気持ちなど、内面から湧き上がる欲求を満たすことが幸福感につながるタイプ。競争が苦手で、社会よりも自分の精神を大事にする、いわば「個人主義者」。カマタ流に表現すれば「自分主義」。でも、だからこそいいのです。このタイプは、ちょっと微調整すればちょうどいいわがままに行きつきやすいのです。

アメリカの著述家スーザン・ケインが書いた『内向型人間のすごい力』（講談社）という本には、「ビル・ゲイツもガンジーも内向型人間だった！」と記されています。

「内向型の人は、他人と喋るよりも他人の話を聞き、パーティで騒ぐよりも一人で読書をし、自分を誇示するよりも研究にいそしむことを好む」といいます。「社交的で自己主張が激しい外向型のイメージがあるアメリカ人だが、実際にはその3分の1が内気でシャイな内向型」なのだそうです。でも、そんなアメリカ人でも自分が「外向型」のようにふるまうのは、「社交的にコミュニケーション能力が高い外向型が理想」という価値観があるから。アメリカ人でも多くが、この問題で悩んでいるのです。

内向型でいいのです。一か所だけとんがっている部分をつくればおもしろい生き方が待っています。自分の中にそんな部分を育てられれば、一気に個性的になります。

先ほど、「話を聞いてくれる友達を大事に」と述べましたが、言い換えればこれは、「どれだけ上手に他人に甘えられるか」のコミュニケーション能力の問題でもあります。一般的に「外向型」の人はコミュニケーション上手とされていますが、半面、「他人の目を気にする」ことが多く、甘えるのを恥ずかしがったりするので、素直に他人に甘えられないのです。「他人に甘える」というと、「みっともない」なんていう人がいますが、それは日本社会の悪しき風習。人間は一人では生きていけない存在です。「持ちつ持たれつ」の共同体があってこそ、人間は幸福に生きていけるのです。

反対に「内向型」の人は、他人の心の動きや心情に敏感なので、上手に甘えることができるようです。自分が甘えたことで得た幸福感や充足感を、同じように相手にも味わってほしいと思う気持ちが強く、家族や友人、恋人ともいい関係が築けます。

ともあれ、ニュートン、アインシュタイン、スピルバーグ、そしてジョブズまで、世の中の天才と呼ばれる人たちのほとんどは、自分の内面の声に耳を傾け、深く思索し、そこに秘められた宝を探り当てます。そんな人たちがいなければ、万有引力、相対性理論などの偉大な理論も、現代文明を支える発明も生まれなかったのです。

だから「自分は引っ込み思案だからうまくいかないんだ」なんて考えずに、「内向型だからできることがあるんだ」と、心の視点を変えてみることが大事です。

自分を変える「わがままレッスン」

＊「内向型だからいいんだ」と自信を持つことが大切。

自己肯定感を育てるウォーミングアップ

「内向きのよさを見直す」とは「自己肯定感を高める」ことです。僕は負のスパイラルに落ち込まないために、「自己肯定感」を高める自主トレをすることが大事だと考えています。自己肯定感とは、「あるがままの自分を受け入れる」ということ。たとえ欠点があっても、「それでも大丈夫、やっていける」と、自分自身を信じる力です。

僕自身は貧しい境遇の割に自己肯定感が強い人間でした。子どもの頃、友達の誕生日会に持っていくプレゼントも用意できなかったので、仲間外れになりそうで危なかった。それでも呼んでくれる友達もいて、彼らに救われました。「何を買っていこうか」なんて悩まなくてすんだので、これでOKだと自分に言い聞かせていました。中学時代も高校時代も、周囲の家庭と比べ、僕の家は生活していくのがやっと。でも僕を養子にしてくれた父は、心臓病の母を支えながら懸命に生きている。そんな姿を見たら、「世の中で生きていくのは自分の考え方次第なんだ」と、思うようになりました。いま思えば、自己肯定感のウォーミングアップをしていたように思います。

「親ガチャ」という言葉が流行っています。人間が幸運に恵まれるかどうかは、親の財力や社会的地位次第、という風潮がありますが、僕はそうは思いません。

なまじ有名人の家庭に生まれて親の名前が重荷になったり、望まない家業を継がなければならない境遇に比べれば、僕のほうがはるかに自由じゃないか……。貧乏は確かにマイナス。でも〝ないものねだり〟をしていじけてしまったら、悪いサイクルに落ち込んでいくだけ。「大丈夫、自分は自分」と切り替えれば、負のスパイラルは乗り越えていけるはずです。外向的でも内向的でも、それぞれによさがあるのです。

自分を変える「わがままレッスン」

＊他人は他人、自分は自分。「おかしな自分」に、磨きをかけよう。

読書からたくさんのことを学んだ

考えてみれば、僕自身もそもそも「内向型」の人間でした。でもやがてポジティブシンキングになりました。それは、たくさんの読書で培われたものだと僕は思っています。本は自分に向き合うことができる世界。自分が主人公になって小さな成功体験を持たせてくれました。また本の中には人間の〝失敗〟が溢れています。ここが大事。主人公の失敗や恥ずかしいこと、別れや悲しみからたくさんのことを学びました。自分と違う価値観や、まだ見ぬ世界に触れることで、自分を客観的に眺められるようになったのです。「これに比べれば、自分の大変さなんかたいしたことない」と自分に言い聞かせることができました。

「鎌田塾」といって、僕は１１００人の塾生を相手に、健康でおもしろく生きるためにはどうしたらいいか、年3回、佐賀市で講演をしています。それを機に、佐賀市に「まちなかライブラリー鎌田文庫」がつくられました。本が1万冊、絵本が2000冊。人間がおもしろく健康に生きるには、本は欠かせない存在と考えたからです。

その鎌田文庫では「今月の一押し」という企画を展開しています。最近の一押しは、窪美澄《くぼみすみ》『夜に星を放つ』（文藝春秋）です。2022年の直木賞受賞作で、短編小説5編からなる作品です。

実は僕は、芥川賞や直木賞を受賞した本は、なるべく読まないようにしています。「誰かのいいなりになりたくない」という困った性格だから。「わが・まま」なのです。「他人の好みが自分の中に侵略してくるのは許せないぞ」と思っています。

ところがこの本の場合、表紙を見た瞬間「読んでみない？」と呼びかけられたような気がしたのです。そこで、普段は決して見ないインターネットの読者レビューを読むと、5つ星の高評価がたくさん。でも反対に、1つ星や2つ星の評価しかしないレビューもありました。「1つ星の直木賞作品ってどうなんだろう？　ひょっとしたらおもしろいかもしれないぞ」と手に取りました。アマノジャクですね。

同書は、生きているると誰にでもやってくる別れを、柔らかくあたたかなタッチで描いています。かさかさに乾いていた心が、しっとりと落ち着いてきます。両親が離婚し、新しい母とうまくいかない少年が父に肩車される最後のシーンでは、不覚にも涙が流れてしまいました。夢中で働いている若者たちの別れや、少年の別れなど、たくさんの別れや悲しみが優しいタッチで描かれています。

もうひとつの一押しは、芥川賞作家・平野啓一郎の『本心』（文藝春秋）です。「死の自己決定、社会の分断……。愛と幸福の真実が語られる。愛する人の本当の心をあなたは知っていますか」と謳《うた》っています。どんな人間でもたったひとつの人格ではありません。そこで「愛する人の他者性を理解できますか、愛する相手を自分とは違う人間と認め、相手の自由を尊重することができますか？」と、この作品は読者に問いかけてきます。夫婦や親子、親友でも、相手の本心はなかなかわからないものです。

そこで、「わからないということをわかる」のが大事です。僕はこの本を読んでいて、実は自分の本心もわからないということに気づき、本当の自分はひとつじゃないいんだと感じました。

もう1冊は絵本です。ジャッキー・アズーア・クレイマー文／シンディ・ダービー絵『悲しみのゴリラ』（クレヨンハウス）です。生と死、命の大切さを、しみじみと考えさせてくれる。「みんな死ぬの？」「そう。誰だっていつだって死ぬんだ……」「ママはどこにいるの？」「確かなことは誰にもわからない」。

母を亡くした子どもに、幻の悲しみのゴリラがそっと寄り添う。悲しいことは誰にだってある。そんなとき、悲嘆にくれる人のそばで暖かい風を送れるような存在でありたいと僕は思います。そこで2022年の一押しとして、図書館に掲げました。

自分を変える「わがままレッスン」

＊本、音楽、食べ物、洋服の好みは「アマノジャク」でいい。他人の評価にだまされてはダメ。

＊「今日、何を着ていこう、夕食は何にする？」がわがままレッスンの始まりと意識しよう。ネットの星の数に支配されたら、おしまいよ！

「わがままに生きてみよう」というわがまま

平野啓一郎の『本心』を読んで、僕はひとつのことに気づきました。それは、この本が突きつけた「相手を自分とは違う人間と認め、相手の自由を尊重することができますか？」という問いかけが、いまの日本社会ではなおざりにされているのではないかという疑念です。言い換えれば、「相手も自分と同じようだから、話さなくてもわかってくれるはず」という一種の「甘え」が日本を支配しているという事実です。

土居健郎《たけお》という精神医学者が『「甘え」の構造』（弘文堂）という本を書いています。「甘えとは、自己と他者が別の存在であることを重々承知の上で、一体化を目指すことを指す。親子の間でも、本来、子どもは親とは別々の人間と考えるのが欧米の概念だが、日本では成人した後も一体化してしまうことがある」と、彼は言います。

それは会社の社長と社員、政治家と国民が一体化するのと同じ構図だと、僕は思います。それも本来は別々のものであるはずなのに、それぞれが自立せず、間違った一体感を持ってしまうことがある。それがこの30年くらい、この国が世界から取り残されていく大きな要因になっているように思います。

「甘えの心理」は、人間は本来別々のものであるという「分離の事実」を否定します。それは多分、分離の痛みが怖いからなのです。会社側と働く側の一体化はとても大事ですが、必要以上に重視すると、働く側の権利の主張が弱くなります。その結果、僕たちの給料は上がらず、なんとか会社も潰れずに維持できるので、イノベーションに全力投球しないぬるま湯状態になってしまう。典型的な〝甘え合い〟の構造です。

働く側はきちんと要求を突きつけ、給料をアップさせ、もらったお金を地域で使い、落ち込んだ消費を広げていく。企業は給料アップに追いつくために生産性を上げるという循環が大切。でも、現実はそうなっていません。言いたいことを我慢したり、やりたいことを我慢せざるを得ない環境です。そんな、行きすぎた甘えの構造が、この国を立ち行かなくさせているのです。

その反動でしょうか、やりたいことを我慢している人ほど、心の奥底では「わがままに生きてみたい」という憧れが強いのかもしれません。

しかし、誰彼かまわずにわがままにふるまうわけにはいきません。そこでまず、友人や恋人など、自分の親しい人に対してはわがままにふるまうことから始めてはいかがでしょうか。わがままと無縁な生活を送っている人は、少しずつ自分のわがままを表に出してみましょう。わがままに生きてみることで、いままでは思いもよらなかった新たな発見ができるかもしれませんし、人生がちょっと楽しくなるかもしれません。

大事な一票を持っている人たちが投票して、思いをきちんと政治家に伝える。それを徹底すれば、政治家もこの国を強くて優しい国にするために、本気で動き出すはず。家庭も会社も地域の中も、少しは風通しがよくなるように思うのです。

自分を変える「わがままレッスン」

＊親しき仲には「わがまま」あり。「自分らしさ」で、生きやすくなる。

「自分だけの幸せのルール」を持とう

前に「自己肯定感」のことを話しましたが、それは「ありのままの自分を肯定する」という感覚のことです。１００パーセント思い通りになるなんて人は、ほとんどいません。完全に満足はできないけれど、「まあまあいいかな」と思えれば、失敗を怖がらずに生きていけます。

ただ、この「感覚」というのが難しい。それは物事や出来事をどう〝解釈〟するかで決まってくるからです。そのためには「自分のルール」を持つことだと、僕は考えています。その方法はいくつかあります。

1　自分を追い込まないこと。

たとえミスしても、「自分はなんてバカなんだ」なんて、責めてはいけません。それをすると自信をなくして、さらにミスを重ねるようになってしまいます。誰だってミスはします。それをくよくよ考えるより、「次はミスしないようにしよう」と決め、「はて、どこが悪かったのか」を考えてみるほうが自分のためになります。

2　したくないことははっきりと断ること。

「嫌だ」と思っているのに、「断ったらあとが怖い」と躊躇《ちゅうちょ》してしまうことがありま す。でも、そんな優柔不断な態度は、自分にも相手にも失礼です。断る理由をあれこれ考えても、結局はうまくいかないもの。はっきりと断ることが大事です。

3　つらいときでも、どこかで幸福感を見つけること。

自分がどれだけ幸せかは、自分の人生観次第です。でも、どれくらい幸せを感じるかは「練習」で増やすことができるのです。僕は毎日、意識的にこの練習をしていま す。理由はなんでもいいのです。

ここ最近で「よかったこと」「心がほっこりしたこと」を思い出して、幸せな気分に浸ってみるのです。僕のラジオ番組に出演してくれたゲストと、食事をすることがあります。とくに若い女性ゲストから「今日は楽しかったです」なんて言われると、「そうか、そうか」とうれしくなります。

4　自由に「妄想を」広げて、元気になる。

人には言えない妄想に近いときもあります。頭の中だけだから、瞑想、妄想もオッケー。ただし、迷走はしないように注意しています。こうすれば幸せになりたいときに幸せを感じることができて、毎日を満足して暮らせるはずです。

自分を変える「わがままレッスン」

＊自己肯定感が「幸せ」の源。それを育てるには、たった4つのルールを守ればいいだけ。「自分を追い込まない」「たまにはNOを言う」「ちょいほっこり」「妄想で元気」。

＊誰も認めてくれないときは「この頃調子いいぞ」と自分をほめてあげればいいのだ。

自分に自信を取り戻す毎日の習慣

こんな心構えをたくさん並べられても、具体策を知らないとよくわからないという人もいるでしょう。そこで、自己肯定感を高めていくために、日常的に取り入れたらいい習慣をご紹介します。僕も以前、諏訪中央病院の院長に就任したとき、「僕にできるんだろうか？」と不安に襲われました。そんなときにやってみたことです。

1　どこに自信がないのかを「見える化」する。

前に「不安の原因」を見える化することをおすすめしました。今度は「どこに自信がないのか？」に一歩踏み出してみましょう。これも紙に書き出せば、いま自分が抱えているぼんやりとした不安を、頭からいったん取り出し、客観的に眺めることができきます。すると現実的な見方ができ、自信が湧いてきます。「だったらこうしたらいいんだ」という知恵が湧いてくるので、解決策にたどり着けることがあります。

2　自分が第三者だったらという立場で自分にアドバイスする。

不安を書き出しても、まだ考え方を変えることができない場合は、立場を変えて、第三者だとしたらどんなアドバイスをするかを考えてみましょう。

たとえば親しい友人が、同じような不安や悩みを抱えていると仮定して、アドバイスを求められたとしましょう。そこで「自分だったら、どんなアドバイスをするか？」を想像する。これは思考の整理につながるし、考え方を変えるヒントになります。

相手の立場で想像すると、かえって「なぜここまでネガティブになっているんだろう」と、自分の姿に投影できるかもしれません。「アドバイスをする側」になれば、当事者よりも一歩引いて課題を眺めることができるのです。

3　「カマタ君、よくやった」。

心配していたことがうまくいったとき「カマタ君、よくやった」「うまいぞ、カマタ」なんて、自分に言い聞かせます。ちょっと苦しいときは、「カマタ君、ピンチだぞ」「ピンチはチャンス。ここを乗り切れば、なんとかなる」。もう一人のカマタが本当のカマタに語りかけるのです。「ここは無理するな」「みんなに謝って方向転換したほうが自分も楽になるし、みんなも楽になる。カマタ、ここは勇気を出せ」なんて、迷えるカマタ君に声をかけてきました。

こうやって肯定したり、叱咤激励したり、方向転換をしたりしながら、自分の思いを現実の世界で展開してきました。

4　ちょうどいい「わがまま」を生きてきた。

僕は諏訪中央病院がある長野県茅野市で市長をされていた矢崎和弘さんと12年間パートナーを組んで、新しい街づくりをしました。その甲斐あって、茅野市は過疎化が進む長野県で、最も人口が増加する地域になりました。そんなとき市長さんがカマタのことを評して、「これほど病院のことや町のことを考えてくれた人はいないんだけど、すべてカマタから始まり、すべてカマタに終わるんだよ」と言ったのです。「なるほどな」と納得しました。ちょうどいい「わがまま」そのものだったのです。

自分で言うのも気恥ずかしいのですが、町のため、患者さんのため、職員のためということを本気で考えていました。そのうえではじめと終わりにカマタがある。改革は「カマタ流」にこだわって進めました。当時はとてもユニークだったはずと、いまでも思います。

僕は39歳で諏訪中央病院の院長になりました。病院づくりをまかされたとき、「東京にある有名病院のミニ版をつくろう」なんて、まったく思いませんでした。それより、この地域に合った病院をつくろう。そのためには健康づくりが大事。

どんなに健康づくりをしても、いつか人は死ぬ。だから緩和ケアも重視しました。「医療は助けてナンボ」と思っていたので、自分のエネルギーの95％は救急医療や高度医療が充実した病院をつくることに費やそうと考えていました。

それでも、高度医療で助けた命は、ときには、障害を持ちながら生きていかなければならないこともあります。そのためにも地域ケアが大事だと考えて、日本で初めてのデイケアや24時間体制の在宅ケアをつくることにしました。この5％にカマタらしさをそそいだのです。他の病院にないとんがる部分をどこかにあえてつくりたかったのです。

親友で戦友でもあった市長さんの言葉から、カマタは「ちょうどいいわがまま」を生きてきたと、最近しみじみ思います。

自分を変える「わがままレッスン」

＊別の角度から現状を眺めることで、次のアクションにつながる糸口が見つかる。先行例に学んでも、自分たちらしさを常に意識すること。

＊自分で自分の良きアドバイザーになれ。うまくいっているときは自分で自分を褒めろ。苦しくなったら、ここは無理をするなと自分にアドバイスをする勇気を忘れずに。

ここが勝負と思ったら「我」を通そう！

「したくないことははっきり断る」と書きましたが、実は「NO」のひと言ほど、口に出すのに勇気を必要とする言葉はないでしょう。

僕はとっても「わがまま」な人間なのですが、実は「NO」と言うのが苦手です。とくに講演や執筆を求められたときは、「せっかく声をかけていただいたのだからおこたえしたい」という意識にかられ、「むずかしいな」「ちょっと違うかな？」と内心で思っていても、つい「YES」を口にしてしまうのです。

悪いというわけではありません。ときにはこの「YES」が、新しい局面を開くこともありました。でもたいていの場合、最初の直感が正しいようです。「NO」が言えなかったために余計な苦労をしたあげく、成果がなかったことも多々あります。

しかし「NO」を言うことで、最終的に好結果につながったこともあります。

以前、最後の最後で、進行中の企画をひっくり返したことがありました。相手の熱意に引きずられてずるずる進めてきたものの、どこかすっきりしない気持ちが残って、「やはり、このままではやりたくない」という意識がどんどん強くなってきました。迷いに迷いましたが、担当者に「すみません！」と頭を下げました。相手は「腰を抜かす」という表現通りの驚きようでした。内心は「ここまでやってきたのに」と、怒り心頭だったでしょう。でも彼は、「わかりました」と静かに言ってくれました。

結果的に僕は「我」を通したのです。こんな風に、自分を貫くことが大事なときもあります。でも我を通しながら、僕は心のなかで「借りだ」と考えました。この借りはこの人に必ず返す。そう自分に言い聞かせたのです。我を通さなければいけないときがあります。そんなときは勇気を持って我を通します。

でもそのままにしていたら、ただの〝困ったわがままおじさん〟でしかありません。場合によっては、こんなことが2回続いたら〝ちゃぶ台ひっくり返し症候群〟という治療困難なことになってしまいます。そうしないために、「今回は申し訳なかった」

という思いを「借り」という形で表現するといいでしょう。いつか必ずこの借りを返そうと意識するだけで、その気持ちが相手に伝わります。

こういうことを繰り返していると、ちょうどいいわがままという生き方が見えてきます。人生がますますおもしろくなって、たくさんの応援ももらえるようになります。

担当編集者の彼は立派でした。なぜ僕が「NO」としたのかを考え、新しい企画を提案してきたのです。今度は文句なし。僕も前の〝借り〟を返すためにがんばりました。おかげで売れ行きも好調。彼はいまでは、僕が最も信頼を寄せる人になりました。

こんなふうに、心の底から信頼できるパートナーを得ることができて、それ以来、「NO」と言うべきときには、きっぱり「NO」と言うようにしています。

自分を変える「わがままレッスン」

＊「YES」が自分をなくすこともある。「NO」が新しい世界を開くこともある。我を通すのも大事、「借り」を返す気持ちも大事。

自分の「クセ」を知って、自分の〝現在〟を判断しよう

「我を通す」のと反対に、「わがままを通せない」と自己肯定感が下がりがちです。「わがまま」には、強い主体性が要求されるからです。もちろん、自分が信じる思考や価値観は大事ですが、一方で人間として最低限のルールを守るのは当然のことです。でも、必要以上に他人に配慮しすぎたら「わがまま」に生きることはできません。

それを決めるのが自己肯定感です。それが低い人は、物事を自分で決めようとせず、誰かに判断をまかせがちです。他人の気持ちや、嫌われないようにという意識が行動基準になるからです。でもこれは「他人に依存している」ということ。他人に依存すれば「何か問題が起きても自分の責任ではない」と、気が楽になるからです。

これは「主体性の放棄」、行きつくところは「わがままの否定」です。

自分の思う通りにやっていくというわがままは、自分を大切にするということです。つまり、わがままは主体性の発露なのです。本来、自分の人生は自分のもの。自分の思いや感情を優先しなくては、見えてこないものもあります。そこで、わがままに生きれば自己肯定感が高まり、自分を大切にすることにつながるのです。

ただしそれは「他人の大切な領域に踏み込まない」という意識とセットです。自分の主体性を守りながら、相手の主体性を敬う。その線引きが大切になるのです。自分と同様、相手にも相手なりのわがままがあるはずです。良好な人間関係をつくるために、「自分の思い」と「相手の領域」のバランスを上手に取らなければなりません。

自分を変える「わがままレッスン」

*自己肯定感を高めるには、「他人がどうであれ、自分だったらこう思う」という習慣を。「相手の言い分を聞く」ことも大切。

「相手と完全にわかり合える」とは期待しない

「気の合う人」という存在がいます。少しつきあっただけなのに、「わかり合った仲」と思う場合もあります。でも僕は、人と人が完全にわかり合うことはできないと考えています。

「そんな考え方はさびしい」という反論があるかもしれません。でも、そもそも人間は自分自身のことだって、よくわかっていないものなのです。いくら気の合う人でも、所詮は他人、別の人格の持ち主なのです。親子や夫婦、恋人どうしだって、それぞれ別の人格を持っているのだから、意見が違って当たり前。

まして、上司と部下というのは、たまたま同じ仕事に就いているというだけの関係です。「わかり合えている」と錯覚するから、ボタンの掛け違いが生じてくる。「わざわざ言わなくてもいい」とか「事情は察してくれるだろう」などと、安易に思い込んで、大事な〝詰め〟を間違えたために起こる悲劇は少なくありません。

昔からよくいわれるように、報告と相談が大事になります。たとえば、プロジェクトの進行をまかされたと思い込んでいて、報告を怠った結果、「なんで、勝手に進めたんだ！」と大目玉をくらってしまうなんてケースは珍しくありません。

こんな行き違いを避けるためには、「人と人とは言葉でしかつながれない」「完全にわかり合えるとは思わないほうがいい」と肝に銘じておくこと。すると報告と相談の重要性に気づきます。

病院の院長時代、相談をしなくてもすべてうまくいっているときでも、僕はよく担当の部長を呼んで、報告を聞き、相談しました。彼の口からこうやってみましょうと意見が出たときは、その部長にまかせてしまうのです。本当にどうしたらいいかわからないときも、相談します。そのときは何人もの人に相談を持ちかけます。でも最後は自分の責任で決断します。

報告や相談を受けてイヤな気持ちになる人間はいません。これで仕事場に一体感が生まれました。

報告と相談の大事さはビジネスシーンだけのことではなく、あらゆる人間関係に言えることです。逆に言えば、この「ひと言」「ひと手間」があれば、ある程度の「わがまま」は許されることが多いようです。

自分を変える「わがままレッスン」

＊人間関係は「ひと言」「ひと手間」が大事。

＊わかり合いづらいからこそ、「我」を通すために気配りを忘れない。

「他人の言うこと」は素直に聞く。でも従わなくてもいい……

人の話を聞くときは誠意を持ってきちんと聞く、それが一人前の人間としての礼儀だと、僕は思っています。ですが、その通りに行動すればいいとは考えていません。それが容認できるのなら指示に従えばいい。でも自分の気持ちに反してまで従わざるを得ないとしたら、それは「主体性」を失うことにつながります。ときにそれが心理的ストレスになって跳ね返って来る場合もあります。

ここは譲れないなというときは、相手の考えを評価したうえで、「今回は自分の考えでやらせてもらえないか」と上手にお願いをし、話し合ってみるのも大事です。その人を自分の味方につけてしまうのです。上からの圧力でどうしてもその通りにやらないといけないときも、白旗を上げる前に自分の考えをきちっと述べたうえで、「わかりました。全力でその通りやってみます」。そんなときほど、全力投球して仕事ぶりを見せつけることが大事です。

全部自分の思い通りにことを運ぶことはできません。たとえば方向が3つに分かれてしまったとき、3つのうち1つだけでも自分の思い通りにやらせてもらえるように、常に布石を打っておく必要があるのです。プロ野球だって3割打てば好打者です。7割は数の力に負けてもいいのです。3つに1つ、自分の思いが形になると自分自身の満足も得られ、周りを説得する力を増強させていくことになるのです。

世間はとかく、ろくに説明もないまま、「周囲の声に合わせるのが常識」という意見を押し付けてきます。極言すれば「数の暴力」だともいえます。

こんなことが続くと、他人の言うことを聞くこと自体がおっくうになりかねないし、他人とかかわるのが嫌になってしまうかもしれません。

人の意見には、素直に耳を傾けるべきです。でも、自分の意思や気持ちを殺してまで、相手の指示に従う必要はありません。それは自分にとって、何の得にもなりません。それがどんなに「もっともらしいもの」だったとしても、ただのその人の個人的な要求に過ぎず、それを実現したい欲求に他人を巻き込みたい、あるいは支配下に置きたいだけなのです。

自分を変える「わがままレッスン」

＊行動を指示する言葉に惑わされてはいけない。「あなたのためよ」などという〝甘い〟言葉には、特に用心すること。

＊3つに2つは思い通りにならないと割り切っておく。

自分の怒りを分析し、怒りの背景に想像力を働かせてみる

院長時代、僕は若いスタッフとの意識のギャップに悩み、ときに怒りを覚えてしまうこともありました。生来、短気な僕は、そこで「アンガーマネジメント」（怒りのコントロール）の作業を自分に課すことにしたのです。

人間は、怒りや不安を感じたとき、脳内に「ノルアドレナリン」というホルモンが分泌されます。しかしこれは、６秒を経過すると分泌のピークが過ぎるので、僕は、「腹がたっても6秒我慢！」と自分に言い聞かせることにしました。すると、気持ちが落ち着いてきて、相手の意見も素直に聞けるし、冷静に自分の気持ちも表現できるようになりました。

よく「怒りのおおもとにはわがままがある」と誤解されることもありますが、それ

は間違いです。怒りは感情的なもの、僕の言うわがままは、極めて理性的なものなのです。ここが大事。ただのわがままは感情に流されているだけです。

でも6秒待っても怒りがおさまらないときもあります。そんなときはゆっくりお茶を飲んで気分を整えました。それでもおさまらなければ、一晩、寝かせることにしたのです。

一晩待って「やっぱり言っておかなければ」と思ったら、スタッフに話をします。でも怒りはおさまっているので、冷静に対処できます。もちろん、一晩寝てみて「もういいや」と思えることもたくさんありました。

それと反対に、自分に怒りの矛先が向かってきた場合は、相手の身になって考えることが大事です。「キレる」にはそれなりの理由があります。「なぜ怒っているのか」と、相手の心の内側を想像してみると、「何か、困っているのかな?」「つらいことがあるんじゃないか?」などといった具合に、怒りの背景にスポットライトを当てることができます。それを知ったうえで話し合うと、「なるほど、わかりました」と、相手も納得してくれるのです。

「怒り」の感情はマイナス面だけではありません。上手にコントロールしていけば、自分も他人をも成長させる武器になるはずです。

自分を変える「わがままレッスン」

＊自分が「わがままな人間だ」と思える人ほど、実は人間洞察力に優れている。

＊自分の怒りや相手の怒りを分析する習慣は、人間関係や世界に対する想像力だ。

＊ムッとしたら、とにかく6秒。それでも気がおさまらないときは、一晩寝かせよう！

第2章
「がんばらない」という
わがまま

「がんばらない生き方」こそ〝わがまま〟の極致

僕のモットーは「がんばらない」です。『がんばらない』という本を書いて以来、この考えに共感してくれる人から、いろいろな声が寄せられました。2000年に書いた本です。大ベストセラーになりました。「がんばる」「がんばろう」がまかり通っている当時の日本で、「がんばらないなんて、よく言うな」と批判されたり、心配されたりしました。

でも僕は、貧乏のなかで、誰よりもがんばって生き抜いてきたので、後ろ指を指されることはちっとも怖くありませんでした。がんばりすぎる人生のなかでも、ときどき、がんばらない時間があるのです。はじめからそのことを意識することが大切だと考えていました。

「がんばらない」が共感を呼ぶのは、社会がストレスフルな方向に向かっていること
と大きな関係があるでしょう。これまで、「人生は競争の連続」で、僕たちは「がん
ばらなければ社会で生き残れない」といった価値観で、競争に駆り立てられてきまし
た。

でも、がんばって人生が思い通りになる人は、ほんの一握りです。とりわけ、真面
目で完璧主義の人ほど、結果が出なかったときのショックは大きいはずです。だから
僕は「人生の下り坂」を意識して生きてきました。みんなが「がんばろう」と思って
いるのなら、僕はあまり大きな期待を抱かずに「がんばらない」ことを決めたのです。
「がんばらない」は、そんな競争社会のアンチテーゼで、無理をせず、ストレスをた
めないように、自分をコントロールするための生き方だともいえます。

僕が医学部を卒業した当時、仲間はみんな都市部の大病院に就職していきました。
僕はただ一人、長野県の潰れかけた小さな病院を選びました。それが僕がいま名誉院
長をつとめている諏訪中央病院です。

「なんでそんなところに行くんだ」とか「都落ちしなくてもいいのに」と忠告してく

れる友人も多くいました。でも若いときにこの「下り坂」を選んだことで、坂を下りながら周りの景色を眺める余裕ができました。やがて地域の健康増進運動や在宅医療という僕のライフワークにつながっていきました。がんばらない道を選んだから、視野が広がったのです。

とはいえ僕は、「がんばらない＝逃避」ではないということを強調しておきます。「がんばらない生き方」とは、社会からの逃避や自暴自棄に陥ることではありません。そこで僕は「がんばらない人生」について心がけておくことを整理したいと思います。

がんばりすぎない生き方とは、「苦しいことを前にしたら力を抜く」ことです。人間ががんばるのは、「成功して財産や地位、名誉を得たい」という欲望があるからでしょう。でも欲望には際限がありません。成功したとしても、さらに大きな成功を追い求めたがる。そしてまた苦しむ。

ドイツの哲学者ショーペンハウアーは、「富は海水に似ている。飲めば飲むほどのどが渇く」という言葉を残しています。欲望が湧いてきたらそこで力を抜いてしまう。

そうすれば欲望も消えて、苦しみもなくなると、ショーペンハウアーは説くのです。

「がんばらなきゃ」という気持ちで無理をすると、モチベーションが保てずに長く続きません。体調不良や集中力低下につながり、結果が出せずに、「がんばっても報われない」とマイナス思考にはまってしまいます。

必要以上に「がんばらない」ことが大事です。「やるときはやる、やらないときはやらない」と割り切ることで気持ちが楽になり、自分を大切にできている実感が出てくると、自己肯定感も高まっていくはずです。

心を軽くする「がんばらないレッスン」

＊ときどきでも「がんばらない」のは勇気がいるのです。

＊がんばったり、がんばらなかったりのメリハリが「ちょうどいいわがまま」を生み出す。

人生の目的をすべて放棄する必要はない

「やるときはやる、やらないときはやらない」というのは、やるべきことと、やらなくていいことを切り分けろということです。思想家のバートランド・ラッセルは「賢人は避けられない不幸に対して無駄な努力をしない」という名言を残しています。

つまり、がんばってどうにもならないことであれば、それを甘んじて受け入れるということです。そして、がんばらないほうが合理的である場合は、〝あきらめる〟ほうが合理的なのです。

ただし僕は、「どうやっても絶対に無理なもの」と「いまはできないけれど、やがて達成可能なもの」に分けて考えるべきだと思います。たとえば流行りのＳＤＧｓも、いま現在は到達できないが、あきらめるわけにはいかない。「がんばらない」けど続けていけば、やがて実現するかもしれません。「がんばらない」けど、「あきらめない」気持ちが大切です。

もちろん努力も大事です。その先には「成長」が待っています。多少の苦難が伴っても、「あきらめずにがんばりたい」という人もいるでしょう。「達成感を味わいたい」という気持ちは大切です。そんな人には「無理しすぎない範囲でがんばって」とアドバイスします。こういう人は、がんばらないことが、かえってストレスにつながるからです。

そこで哲学者のニーチェの言葉を紹介しましょう。彼は、「高く登ろうと思うなら、自分の足を使うことだ」と語っています。「倒れても自力で立ち上がれ」という精神も大切です。自分の脚力を知っていることが大事です。近所の里山でしかハイキングをしたことがない人が、一気にエベレストの山頂に立つことは無理なのです。

ベストセラー『だからあなたも生きぬいて』（講談社文庫）の著者であり弁護士の大平光代さんと二人で『くらべない生き方』（中公文庫）という本を書きました。NHKのラジオ番組「鎌田實いのちの対話」にゲスト出演してもらったこともあります。

関西に住んでいる大平さんのご自宅の近くに講演に行ったときに、夕食に招待されました。料理が上手で、「これでもか、これでもか」と次々にメニューが運ばれ、そのサービス精神に感動した覚えがあります。

大ベストセラーの著者で弁護士という職務についている人、しかも大阪市の助役をしていたこともあるほどなのに、彼女は中学校を中退、高校にも大学にも通っていません。よく司法試験に合格したなと思うくらいです。中学校時代は成績もよくなかったそうで、「宿題もしなかった」と、本人は笑います。

やがて大阪・北新地のクラブでナンバーワンにまで成績を上げていきます。「どれくらい稼いだの?」と単刀直入に聞いたら、「一番多い月は給料が350万円くらい」と言う。びっくりです。

彼女が最もエネルギーを使っているのが、子どもにとってのいいお母さん役。見事なまでの波乱万丈な生き方ですが、結婚して子どもをもうけ、いいお母さんをやっています。着地点がかっこいいのです。「ちょうどいいわがまま」は、途中も大事ですが、着地点も大事。どうやって着地するかを考えておく必要があるのです。

大平さんは自分の足で、険しい山を登り、最後はいいお母さんを目指し、見事に走り抜いています。

「がんばろう」という精神が旺盛な場合は、努力次第で人生はいかようにも変えられるはずですし、努力して自分を磨けば、たとえ結果が出なくても自分の成長につながる。それが社会的評価を得られることもあるので、必ず報われるはずです。

精神的に安定して満足感を得ることが、人生にとって最も大切。「がんばらない」も「がんばってみる」も、人生に満足するためという目的においては同じです。自分の性格や人生の局面によって、使い分ければいいことなのです。

心を軽くする「がんばらないレッスン」

＊「がんばりすぎて疲れた」ら、あきらめていい。「がんばれるとき」は、がんばればいいのだ。逃げられない不幸なときは、死んだふり。時間が経ったら生き返ってくれればいいのだ。

がんばるのや～めた！と思ったときに

疲れているのにがんばってしまうのは、小さい頃から親や周囲に「がんばれ！」と言われ続け、いい結果を出したときに褒められていた経験が忘れられないからです。特に体育会系だったり、真面目で責任感が強い人、また、相手のために何かをしたい気持ちが強い人や、承認欲求が強い人もがんばりすぎる傾向があります。総じて「がんばらない自分はダメな存在だ」という意識が強いのです。

でも「もうがんばるのをやめたい！」と感じたときはチャンスです。それは「がんばらなくてもいいんだ！」ということに気づけるからです。

僕が「がんばることが絶対的正解ではない」ということに気づいたのは、20代の青年医師だった頃です。僕は親に捨てられ、拾ってくれた人の生活も貧しいものでした。

「がんばる」しかありません。だからがんばって生き抜いてきました。

そのため「自分もがんばるけれど、患者さんもがんばって当たり前」と思っていたのです。あるとき、40歳くらいの女性のがん患者さんを診察したあと、いつものように「がんばりましょう」と言って病室をあとにしました。でも「何かおかしいな」と気配を感じて振り返ると、彼女が泣いているのです。ベッドサイドに戻って、どう声をかけていいか戸惑っている僕に、彼女はこう言いました。

「私は今日までがんばって、がんばってきました、もうがんばれません」

「そうか、人間にはがんばれないときがあるんだ……」

僕はどう声をかけたらいいのか、そのときは思いつきませんでした。あのときの僕に戻れたなら、「よくがんばってますね」と声をかけてあげたら、彼女の心がどれだけ楽になったのか……と、いまでは思います。

「がんばれ」と励ますことと、「よくがんばってるね」とその人の生き方を肯定してあげることには、雲泥の差がある。そのことに気づいた瞬間です。

「がんばらなければいけない」と思い込んでいる人は、がんばらない自分は価値がないと考え、人から認めてもらうためにがんばってしまうのです。でも心のギアチェンジをして、「がんばらなくても大丈夫」と自分自身に声をかけ、自分を許してあげることです。

そうすれば自分の感情に素直になれます。「やりたくないけどがんばらなきゃ」と、自分の気持ちを抑え込んで無理をしすぎることがなくなります。

「やりたくない」と感じたらいったんやめてみること。できそうもないと思ったら、無理をせずに断る。そんなふうに自分の感情に素直になることが大切です。

そこで、「自分はダメな人間だ」「がんばらないから信用をなくした」などとネガティブな感情を持たないこと。他のことで取り返すチャンスはいくらでもあるのです。

でも、これまでがんばってきた人が、いきなりがんばるのをやめるのは難しいかもしれません。そこで、最初から大きな変化を求めるよりも、日常生活の小さなことから「がんばらない」ようにしてみると、案外、うまくいくものです。

たとえば僕は、毎日８０００歩歩いていました。毎日続けましたが、最近は仕事が忙しくなって、１時間を超えてウォーキングするなんて、とても無理になりました。

そんなときは、４０００歩の日をつくって、まず気持ちのプレッシャーを外すのです。そして週2回だけ、８０００歩を続けています。とても忙しい週は週1回だけ８０００歩でも構わない。

大事なことは、やめないことです。がんばらないという生き方をすれば、かえって持続力が増していくのです。人生にとって大事なのは、持続する力。ときにはハードルを下げることを恐れないでください。そうすると、いつもがんばりすぎて無理をしていたことに気づけるかもしれません。

心を軽くする「がんばらないレッスン」

＊小さなことから「がんばらない」の練習をしていく。
＊がんばらない精神で目標を下げても、持続することが大事なのです。

「こだわるもの」と「こだわらないもの」をはっきり分ける

「がんばらない」は、「こだわらない」に通じるかもしれません。「こだわる」とは、特定の物事に執着するということですが、半面、執着しすぎるとその方向にしか視線を注ぐことができなくなり、やがて心が疲れてしまいます。

そこで、ときにはある程度、「まあいいか」と肩の力を抜いて、こだわりを捨てることも必要です。すると視野が広がって、客観的に考えられるようになるものです。これが「がんばらない」の極意です。

逆説的な言い方ですが、「こだわる」とは、「こだわらなくていいことにはこだわらない」ということでもあるのです。たとえばどんな職業でも、自分一人の意思だけで動いているわけではありません。大勢の知恵や努力が集まって、成功が手に入るのです。しかし、こだわりが強い人は、得てして理想を掲げたがる。それはそれで素晴らしいのですが、自分の意思を押し通すあまりに、細かいところまで注文をつけ、周囲を混乱させるのは本末転倒というものです。

僕の知り合いに、ある工業デザイナーがいます。なかなかの理想主義者で、「ここは絶対こうしたい」ということでは極めて頑固です。好調な時代はそれで通っていたのですが、ひとたび歯車が狂ったとき、彼は苦境に陥ってしまいました。

見かねた部下が、あるとき実際にデザインした製品を製作する現場に連れて行きました。そこで、「細かいところまでこだわった」自分のデザインが、現場に多くの混乱を招いていることを痛感したそうです。そのこだわりが顧客のためならまだしも、自己満足の場合もあります。それで他の人の負担を増やしてはいけません。「こだわる」あまりに、他人に負担を押しつけたり、現場の仕事を混乱させるのは「こだわりが生む大事故」なのです。

彼はまず譲れることと譲れないことを明確にして、現場のスタッフと話し合いをするようになりました。譲れないと思ったことを少し変化させることができるか、話し合っているうちに完成品のクオリティが上がっていったそうです。近い将来、彼のデザインした製品からヒット商品が生まれる予感が十分します。

心を軽くする「がんばらないレッスン」

＊「どこをこだわるか」より、「どこをこだわらないか」を見極めることが重要だ。

＊つまらないことにこだわり続ける人がいるのよね。

＊ときにはこだわりを捨てること。まあいいかと肩の力を抜いてみて！

「やりたくないこと」から「やりたいこと」へ対象を変える

がんばることに慣れすぎてしまうと、いきなりがんばらない生き方にシフトするのは、難しいかもしれません。そんな場合は、がんばる対象を変えることです。「やりたくないこと」はすっぱりあきらめる、「やりたいこと」は夢中でがんばる。すると無理をしたり我慢したりすることなく、取り組むことができるはずです。あるいは、がんばらないことの意味に気づけるかもしれません。

対象は変えなくても、意識を「やりたくない」から「やりたい」に変えることができれば、がんばらずに楽しめるようになるでしょう。「やりたくないな」と思ったことでも、「やってみたらどんなおもしろさが生まれるか」を考えてみるのです。勉強でも読書でも筋トレでも、ちょっとできるとドーパミンという快感ホルモンが出ます。

気持ちよくなったらしめたもの。おもしろくなったら、勝手にやりたくなるのです。「食わず嫌い」という言葉がありますが、やってみると案外、はまってしまうこともあります。

ただし、「疲れたなあ」と感じたときは、なにもせずゆっくりすること。そんなときは脳が疲労しているので、あえて考え事をせずにぼ〜っとする。周囲のことを考える前に、自分自身の頭と体を休めてあげることが大事です。がんばらないことは、ずっと何もしないことではありません。心身に負担がかからないように、気を張らずに生きていくことです。

そんなとき、だらだらしている自分に罪悪感を持たないこと。「疲れたときはゆっくりする」。「ゆっくりしていいよ」と自分に許可を出してあげることも大事です。

同時に、これまでがんばってきた自分や、周囲でがんばっている人を否定しないこと。つらいことでも忍耐力や努力でがんばれたのは、誰にでもできることではないので、自分や周りの人を認めたうえで、これからはもう少し気持ちを楽にして生きてみましょう。

そしてまた逆説的になりますが、「がんばらないをがんばる」をなくすことも大事。いままでの思考や行動をいきなり変えようとしても、なかなかうまくできないこともあります。「がんばらないをがんばって」しまうと、結局ストレスが溜まって、元の木阿弥になってしまいます。がんばれるときには、がんばればいいのです。がんばれないなと思ったときには、〝がんばらない勇気〟を忘れないこと。「すぐに変わるのは無理、気長にいこう」というゆるさもポイントです。

心を軽くする「がんばらないレッスン」

＊「がんばらないをがんばる」なんて、愚の骨頂。
＊「がんばれるとき」には好きなだけがんばればいい。
＊おもしろくなったらシメタモノ。勝手にがんばりたくなるのだ。

他力本願は、副交感神経的生き方

「お布施《ふせ》」という言葉を聞いたことがあるはずです。これは本来「施しをする」という意味の「布施」から来たもので、仏教の修行のひとつです。人間は欲望の塊で、これを「煩悩」と呼びますが、その欲望を〝放していく〟ための修行が「布施」。「もっとほしい」という気持ちをなくしていくことです。それが人が正しく生きる道、つまり「善」ということなのです。

善をなすには、人に親切にすること。たとえば電車のなかで、自分が座りたいと思っていても、他人に席を譲るのも布施です。ただこの場合、万が一、お礼を言われなくても腹を立ててはいけない。いいことをしたのに見返りがないと腹が立ちますが、浄土真宗の開祖である親鸞は「見返りを求めるのは善ではない」と諭しています。見返りなど求めずに、ひたすら善に励めということなのです。この修行はとても大事。ギリギリを生きていると、心の余裕がなくなり、「ありがとう」が言えなくなるもの。これが現実です。「ありがとう」の見返りを求めない生き方が、かえってすっきりしておもしろくなるのです。

「他力本願」という言葉もあります。僕たちは他力を「他人の力」とそのまま受け取り、「自力で何でもする」のが素晴らしいと考えています。でもこれは大間違い。「他力を頼む人が往生できる」というのです。

この「自力」「他力」という言葉がポイント。自分の力で道を選べるのが「自力」の人。「他力」は「がんばってもどうにもならないことがある」のを知って周りの力を信じたり、育てたり。これがカマタ流「他力本願」。

親鸞は、他力を頼まず自力で何とかしようとする考え方は阿弥陀《あみだ》の心に沿っていないといいます。それは「阿弥陀仏を信心する心が欠けている」からです。どうにもならないことなのだから、自力だけで切り開こうとするのは間違い。それを捨てて「阿弥陀仏という大きな力にすがる人だけが往生を遂げることができる」というのです。

浄土真宗の信徒ではないので、僕は阿弥陀仏にはすがりません。それでも、この世には自分の力だけではどうにもならない〝大きな力〟があることはよくわかります。それを信じるほうが生きやすくなることは間違いありません。

人間の自律神経には交感神経と副交感神経がありますが、交感神経が刺激されるとリンパ球が減って感染症にかかりやすくなり、NK（ナチュラルキラー）細胞が減って、がんのリスクが高まります。交感神経優位は「がんばる」神経全開、つまり「自力」の生き方です。

いま、僕たちはストレスの多い社会のなかで「自力」を強要されています。確かに自力は大事ですが、それが強すぎると力の抜き方がわからなくなってしまう。その一方で、できない人、失敗をする人を軽蔑して〝自分が、自分が〟の意識が強まる。その結果、交感神経が過緊張になって、脳卒中や心筋梗塞、がんを引き起こしやすくするのです。

生き方上手の人は、「他力」を信じています。「肩の力を抜く」生き方、つまり副交感神経優位の生き方です。がんばるけれど、ときどき力を抜く。〝大いなるもの〟にゆったりと身をまかせれば神経の緊張が解け、生きやすくなります。これがカマタ流の「他力本願」。「他力を頼む」とは「人の力をあてにする」のではなく「拠り所にする」ことです。

「がんばらない」をモットーに生きてきた僕は、手抜きとかズボラということにこだわっています。そのうえ最近では他力本願を勝手に解釈して、寄りかかり名人になっています。もう75歳。大いなる力を信じて、「なんとかなるさ」と思って生きていくことにしています。

心を軽くする「がんばらないレッスン」

*何でも自分で解決すると思わなくていい。手助けがあれば、手助けに身をゆだねる。
*時が解決してくれそうならば、時が経つのを待つ。
*自分の限界を忘れない！　ゆっくり、自分の限界を広げればいい。

モーツァルト効果を活用して〝わがまま〟実践

副交感神経を活性化するためには、音楽を聴くことも有効です。

「蔵のまち」として知られる福島県喜多方市。昔から良質の水と米に恵まれたこの地には、日本酒づくりや味噌づくりが栄えました。

20年ほど前、このあたりに講演に行った際、おもしろい酒屋を見つけました。その酒屋は290年以上続く老舗。10代目の社長がモーツァルトの音楽を聴かせて酒をつくり、話題になっていました。とくに、モーツァルトの交響曲第41番「ジュピター」を聴かせた純米大吟醸は大人気。なんともロマンがあります。

少し前、子どもにモーツァルトの音楽を聴かせると、賢く育つというようなことが話題になりました。きっかけとなったのは、心理学者のフランシス・ラウシャーが

1993年、科学誌「ネイチャー」に発表した研究。「ネイチャー」は、データがはっきりしていないと取り上げてくれない、世界でも屈指の権威を誇っています。その研究によれば、学生にモーツァルトの音楽を聴かせると、一時的に空間認知と記憶がよくなったというのです。

また、動物に対しては、ラットにモーツァルトの音楽を聴かせると迷路実験でより早く出口を見つけられるようになることや、牛舎でモーツァルトの音楽を流すと、ホルスタインのミルクの出がよくなるなどという報告があります。植物学的には、プチトマトを栽培する温室のなかで音楽を流すと、甘みが増す、さらにカイワレダイコンの場合には収穫量が増える。酒蔵でモーツァルトの音楽を流すと、日本酒の熟成が早まり醸造期間が短縮されたという報告もあります。

でも、この「モーツァルト効果」は本当なのか。その後いろいろな研究が発表されたのですが、2010年、ウィーン大学が「モーツァルト効果はない」と発表。モーツァルトの音楽を聴いて頭がよくなったり、記憶がよくなったというのは言いすぎであることがはっきりしました。

僕も、これには賛成。ただし、音楽が「癒し」に役立つのは間違いない。透明感のある旋律で集中力を増す効果や、副交感神経を優位にするリラックス効果なら、確かにあると思っています。モーツァルトの曲のなかで、特にバイオリン曲やオーボエ曲、あるいはピアノ曲などは、およそ3500ヘルツ以上の高周波音を豊富に含んでいるので、脳の延髄から大脳にかけての高次の脳神経に影響を与え、精神をリラックスさせると考えられています。ストレスを解消するために、副交感神経を活性化するリラックスモードの音楽を聴くのは有効だと思います。モーツァルトの音楽は効果的に副交感神経を活性化するので、ストレス解消に効果的です。

さらに、もうひとつ、「耳を鍛える効果がある」というのは、耳鼻咽喉科の八島隆敏《やしまたかとし》医師。彼とは対談しました。加齢とともに起こる聴こえの悪さは、高音域から始まります。モーツァルトの音楽は、3500〜4500ヘルツという高周波音が多いので、いままでのボリュームで物足りないなと感じたら、難聴が始まっているサインかもしれないと八島医師。モーツァルトのような音域の広い音楽は、加齢性難聴を防ぐ効果があるということです。こんなさまざまな効果を期待されているとは、モーツァルトも天国で呆れた顔をしているかもしれないですね……。

僕は原稿執筆に疲れるとウォーキングをし、そのあとシナモン・ジンジャーティーを飲みながら、さだまさしの「風に立つライオン」か「詩人」、加藤登紀子の「果てなき大地の上に」をこの頃は好んで聴いて、頭と心を休めています。

ジャニス・ジョプリンの「ボール・アンド・チェイン」もよく聴きます。「鉄球と鎖」は人を縛り付ける道具。「これがブルースだ」という歌い方を彼女はしていて、男と女の関係を「縛って」という強い思いと、「縛られたくない」という思いが錯綜する。死ぬときはジャニスの「サマータイム」、生きているときは「ボール・アンド・チェイン」がいい。「僕は縛ってなんて言わないぞ」と思いながら聴いています。

心を軽くする「がんばらないレッスン」

＊音楽を生活にうまく取り入れて、健康と活力を維持しよう。

＊音楽こそ、「自分の好き」にこだわってみよう。わがままオッケー。

「がんばらない」で病気を〝手なずける〟

お腹をすかしている人に、自分の顔をちぎって食べさせてあげる『アンパンマン』は、やなせたかしさんの不朽の名作です。僕自身は特に好きも嫌いもありませんでしたが、もうすぐ50歳になる長男は子どもの頃、アンパンマンのファンでした。そしてその子ども、僕の孫はバイキンマンのファンでした。バイキンマンのファンになるのは、なんとなくわかります。カマタ好み。アンパンマンにやられても、再生して戦いを挑んでいく、優れた個性の持ち主なのです。

やなせたかしさんと対談をしたことがあります。彼は腎臓がん、膀胱がんなど、がんとの戦いを繰り返していました。特に膀胱がんはすぐに再発してしまいました。

「『こんなに早く再発するのはあなたの細胞が若い証拠です』なんて言われるとうれ

しくなって、そうですか。また手術をお願いしますと答えてしまいました」と僕を笑わせてくれました。作者自身が、やられても、やられても、決して逃げないバイキンマンのキャラクターの持ち主なのです。

話を聞いていて、その背景が理解できました。やなせさんは、なかなか漫画家として頭角を現せず、アンパンマンの絵本を出したのは54歳のとき、遅咲きの辛抱の人なのです。そして晩年、心筋梗塞やがんが次々に形を変えて襲ってきてもアンパンマンを描き続け、膨大な私財を投入して、若い画家たちのために『詩とメルヘン』や『詩とファンタジー』という雑誌を発行し、若い詩人やイラストレーターを育て、支え続けました。その「あきらめない精神」に敬服します。

同じように、病気に負けない生き方を後方支援したことがあります。かつて、数日後にアサヒビールの社長に就任予定の瀬戸雄三さんが、諏訪中央病院に入院してきたことがあります。胆管《たんかん》と膵管《すいかん》の合流部に石があったために膵液の流れもせき止められ、急性胆嚢炎《たんのうえん》の上に急性膵炎《すいえん》も併発していました。厄介な症状です。膵液が腹腔内に漏れると腹膜炎を起こし、膵液が臓器を溶かす恐れがあります。一度、腹膜炎が起きると完治に時間がかかるのです。

その瀬戸さんは日経新聞の「私の履歴書」の第1回にこんなことを書きました。

「『ダメです、死にますよ』『お願いします』『なぜですか？』『9月1日に社長に就任するんです』。困った主治医は、しばらくして院長と一緒に戻ってこられた。院長は、『あなたの人生にとっては大切なこと。そこまでおっしゃるのなら……』。院長の名前は鎌田實さん」

数日後、看護師さんと寝台自動車で東京の病院へ直行した彼の思いは、痛いほどよくわかりました。リスクを考えてドクターストップするのではなく、どうしたらこの人に社長就任挨拶をさせてあげられるかを考えました。彼はその東京の病院から、9月1日に社長の就任式に向かったのです。

当時、アサヒビールは1兆円を超す赤字を出しており、瀬戸さんの手腕に再建がかかっていました。この後、彼は鮮度にこだわったビール「スーパードライ」を生み出し、製造から物流まで大改革を起こして、アサヒは業界首位に返り咲いたのです。

生きていると壁にぶつかったり、病気が足を引っ張ったり、厄介なことが起きるものです。やなせさんも瀬戸さんも、やりたいことがあるときに、病気ごときに邪魔されたくないと思っていたのではないでしょうか。どんなことがあっても、病気に人生を支配されないこと。病気をどうにかして〝手なずけ〟ながら、自分の生き方を貫き通すことが大事なのです。

心を軽くする「がんばらないレッスン」

＊病気は必ずいつかする。万が一を恐れすぎるな。
＊病気に支配されずに病気を手玉にとろう。
＊1つくらい病気があったほうがいいこともあるんだよ。

ちょうどいい「小さなよろこび」をつくる

人類発祥の地はアフリカです。昔のアフリカは食べ物が豊富で、気候も温暖。生活する条件は整っていました。それでも僕たちの祖先は好奇心にかられて「出アフリカ」という形でアフリカを脱出、長い旅に出かけ、何万年もかけて、地球上に広がっていったのです。

旅を支えたものは何でしょうか。それは脳内神経伝達物質のひとつ「ドーパミン」です。僕は勝手に「冒険のホルモン」、あるいは「学習のホルモン」と呼んでいます。ドーパミンは冒険や好奇心、向上心のもと。それは「小さなよろこび」で分泌されやすくなります。たとえば、いつも試験の点数が20点の子どもが、たまたま40点を取ったとしましょう。そのときがチャンス。もしかすると学校や塾の先生は、「こんな簡単な試験では60点が最低水準だぞ」とか「80点くらい取らなきゃダメだ」などと言うかもしれません。

でもこれでは、子どものチャレンジ精神、学習意欲を失わせてしまいます。こんなとき、おばあちゃんが「いままで20点だったのに40点なんてすごいねえ」とほめてあげたら、子どもはうれしくなって、次はもっとがんばろうと意欲が湧いてきます。

ドーパミンは「快感ホルモン」とも呼ばれます。ほめられると分泌され、快感が得られるのです。だから「もっとほめられたい」と、意欲が湧き出るのです。

この快感ホルモンを最も分泌させるのは何でしょうか。自分がやりたいことをやったときに、より多くのドーパミンが出るのです。みんなに賛成されなくても、自分がやりたいことをやって、小さな成功をおさめたらしめたもの。快感ホルモンが出ます。

周りのことばかり気にした結果から生まれる小さな成功よりも、同じく小さくても、自分の思いが詰まった成功であれば、たとえ誰にも理解されなくても、よろこびがいっぱいです。やりたいことを常に優先したらいい。

ドーパミンは冒険や学習を刺激してくれるだけでなく、「わが・まま」におもしろく生きるための、ちょうどいいわがままホルモンなのです。

心を軽くする「がんばらないレッスン」

＊小さなわがままをスタート台にしよう。やりたいことをやって、小さな成功をおさめたら、次はもう少し大きなことにチャレンジできる。
＊ちょうどいいわがままホルモンはドーパミン。快感が人間を成長させる。
＊「気持ちイイ」ことを追求していけばいいんだよ。

第3章
「心のものさし」を変えて自由に生きる

自分で自分に「宣言」して、わがままを貫く

「医師にならなかったら何になっていたか？」と考えることがあります。

前にも少し触れましたが、僕の家は貧しく、大学に進める状況にはありませんでした。父は病弱な母を抱え、苦労を覚悟しながら、実の親に捨てられた僕を養子にしてくれた人です。そんな父に勇気を出して「大学の医学部に進みたい」というと、「そんな余裕はない」と言う。

でも夢をあきらめきれず、執拗に食い下がりました。「落ちたらどうするんだ？」と聞くので「落ちたら寿司屋になる」と答えました。本当は映画監督だったのですが。映画が大好きだったのです。どうせ苦労するなら好きなことをやりたい。この頃からすでに僕はわがまま人間でした。でも、さすがにそれを言い切る自信はありませんで

した。でも年に一度、父が連れて行ってくれるお寿司屋さんは、僕にとって別世界。大学に受かるのがベストですが、落ちて苦労するなら、寿司職人としてチャレンジしたい……もちろん、丁稚奉公は覚悟の上です。

「国立大学の医学部だけ受ける。他には行かない」と宣言しました。「不退転の決意」です。それが自分の「覚悟」を強めました。「面倒はみられないけど、すべて自分でやるなら、それでいい」と、父も認めてくれました。宣言することが自分と周囲を変えたのです。

でも、宣言だけでは不十分。それが「希望」につながるものでなければいけません。「医学部に落ちたから寿司屋」と言うと、「負い目」ととらえられるでしょう。でも僕は卑下していたわけではありません。「寿司職人になっても人に負けない生き方ができる」という希望を持っていました。

小さな店を持ったら、お客さんに幸せを感じてもらえるような店をつくる。感動してもらえるような寿司を握れるようになりたい。強い思いと努力があれば、なんとかなるのではないかと思ったのです。

寿司屋になっていたら、いまよりももっとおもしろい生活をしていたと思います。「かま寿司」なんていって、世界展開をしていたかもしれません。何でもおもしろがることが大事です。その中心に自分の芯を確立することが大切なのです。うまく「宣言」を利用してください。

価値観を変える「とんがりレッスン」

＊わが・ままが大切。「わが」がなければ、始まらない。あとは、風にうまく乗ったり、道なりに走り抜けたり、人生の流れのままに進めばいい。

＊失敗を恐れず、夢を語ることが大切。ちょうどいいわがままは人間の魅力のひとつ。

「あこがれ」を持ち続ければ生きるのが楽になる

大学進学をめぐって格闘し、最後に父が泣きながら言ったのは、こんな言葉でした。「自由をやる。その代わりすべて自分の責任で生きろ。お前の授業料も入学金も教科書代も出してあげられないと思う。すべて自分で考えろ。その代わり自由をやる」

結果的に、人生で一番大切なものをもらったと感じました。それ以来、生きていくうえで一番大切なのは「自由」だというのが僕の信念です。

実は、医学部進学は絶対の目標ではなく、「家の貧しさから逃れ、どこにでも自由に行ける人間になりたい」という本望を実現するための手段のようなものでした。その自由へのあこがれは、いまでも僕が生きる原点になっています。

一番大事なのは、自分の心の芯が何を望んでいるかを知ることです。僕は自由にどこへでも行ける人間になりたかった。それが目的でした。医学部に入ることが目的なのではありませんでした。

でもなかには、大学に入ること自体が目的になってしまう人、医者になるのが目的になってしまう人がいます。医者になって何をしたいのか、が大事なのです。

僕は自由という言葉にこだわりました。国立大学の医学部に受からなくても、僕はへこたれなかったと思います。寿司職人になって小さな店をチェーン化して、海外に店を広げていけば自然と世界へ開かれていくと考えたのです。寿司屋にならなくても、自分がより自由になるために自分は何をすればいいかを考えたでしょう。

よく「カマタはいいよな。医者になったから、だから自由なんだ」と言われますが、医者はそれほど自由ではありません。開業医は設備投資が必要なのでお金に縛られることが多く、勤務医の場合も、出身大学の教授にコントロールされていることが多い。

それに比べれば、確かに僕は自由です。でもそれは「宣言効果」で不退転の決意を自分に課し、いつも自分を奮い立たせてきたからです。

いまでも、誰に言うでもなく、自分に向かって宣言しています。それがまた新たな希望をもたらしてくれます。「カマタくん、君は自由に生きているか」……自分の質問に自分が答えます。「私はもっと自由になるんだ。私は海だ。私は風だ」。海になったり風になったり、どこにでも行ける自分を宣言したり、大きな自分を意識したり、ときには自由になると強い思いを語ったり、「カマタくん、自由にこだわり続けているか」と言い聞かせています。「僕は風だ。僕は風のようにどこにでも流れていく」とカマタを鼓舞します。「私は海だ」と言いながら、「もっと大きくなれ、たくさんの人が行ったり来たりすることのできる、大きな海になれ」と自分に言ったりします。

仮に医学部に進まなかったら、もっとおもしろい世界にいたかもしれません。自分の芯の確立。それが、どんな状況でも幸せを勝ち取る生き方につながります。

価値観を変える「とんがりレッスン」

＊本望は何かと自分に問いただす。その本望を実現するために絶えず自分の姿勢を点検しておくこと。自分で自分のアドバイザーになれ。

〝人並みの人生〟という概念にとらわれないわがまま

絶えず「どうしたら自分は自由になれるのか」を考え、その目標を実現するための意思を持ち続けること、それが「自分の芯」を確立することにつながります。

前に「生きづらさ」を感じる人へのアドバイスをしましたが、仕事やコミュニティのなかの人間関係がその原因だったとしたら、思い切って転職したり、コミュニティから脱却すること。意に染まない仕事や活動のために時間を費やすと、どんどん精神が消耗していきます。無理をして我慢し続けず、環境を変えるほうが生きづらさを解消できそうです。

でも現実には、嫌だと思う仕事や会社を辞められない人が大多数です。会社を辞めてしまったら生活に困るし、次に安定した仕事が見つかるかわからない……不安です。

でも、本当にそうなのでしょうか？　「生活できない」という意識のなかには、「現在の生活水準を落とすのは嫌だ」という気持ちが、「次に安定した仕事が見つかるかわからない」という不安のなかには、「いまと同等の条件以下の仕事はイヤだ」とか「正社員でないと恰好がつかない」というプライドの問題が潜んでいるようです。

プライドさえ捨てられれば、嫌な仕事を辞めてしまえるはずです。でもプライドを捨てるのはとても難しい。とくに男性は「世間体」を気にして、肩書や所属する組織などで人間を判断する傾向が強いもの。社会的な挫折に弱いのです。

それだからこそ「普通にならなくていいじゃない」と、僕は自分にアドバイスします。他人と比べて「人並み」を追求すると、過去を悔やむことが多くなるのです。それはつまり、現在を生ききれていないということであり、それを引きずると未来への希望を見出せなくなるのです。

大事なのは「心のものさしを変える」こと。自分のなかにある「普通」という価値観を変えていくことです。僕の友人の息子さんは、都内の一流私立大学卒で一部上場の企業に勤めていました。しかしハードワークがたたってうつになり、闘病の末、結局、退職しました。現在は病気が改善し、社会に戻りましたが非正規雇用です。年収も以前の半分程度まで減ってしまいました。婚約も破談になってしまったそうです。

でも、破談になった理由は、決して年収が減ったことではないのです。それは彼がことあるごとに「自分の人生、これからどうなっちゃうんだろう」と、愚痴をこぼすからです。同期の友人は一流企業に勤めて家庭を持っている。なかには一戸建てを建てている人もいるのに、「どうして自分は……」と自分を責めるそうです。親は「まだ人生は長いんだ、あきらめるな」と慰めるのですが、そんな言葉に涙するそうです。

息子さんの気持ちはわかります。でも彼は当面、その過酷な現実を受け入れていかざるをえないのです。そこで大事になるのが、自己変容です。「世間並みの幸福」ではなく「自分にとっての幸福」を手に入れるように意識を改革すること、つまり、「心のものさし」を変えるのです。そこで「自分らしく生きればいいじゃないか、そうアドバイスしてあげて」と、僕は友人に語りました。

実際に、心のものさしを変えた青年を知っています。いまから8年前、他県からこの地にやってきました。学校の先生をしていたそうですが、その後いろいろな仕事に挑戦し、現在は伐採の仕事をしています。お母さんが僕の本のファンだと言って、ときどき僕の家の周りの草刈りをしてくれます。結婚して子どもが3人。贅沢はできないけど、心地よい幸せに包まれていると言っていました。「臨時教師なら、すぐに仕事が見つかるんじゃない？」と水を向けたことがありますが、「自分は自然を相手にしているいまの仕事がいい」という答え。楽しいと言うのです。本当にニコニコして楽しそうなのです。彼は心のものさしを変えたのだなと思いました。

見方を変えてみれば、人並みの人生なんて、つまらなそう。そう考えれば、人並みの人生に縛られる必要はないかもしれません。ちょうどいいわがままという考え方ができるようになれば、人並みの人生という呪縛から解放される……元教師の彼の生き方を見て、強く思いました。

価値観を変える「とんがりレッスン」

＊うまくいかないときは「心のものさし」を変える。

〝第3の場所〟が自分を変えてくれる

すぐに環境を変えるのが難しいなら、職場と家以外に「自分が心地よい」と思える「サードプレイス」をつくるのもよいと思います。第3の空間を持っている人は強い。

どうやってとんがる生き方ができるかを僕は考え続けてきました。そのうちどこでとんがるかは、空間を意識したらいいのだということに気がつきました。一番大事な場所は仕事の空間。ここでどうやってとんがるかが大事なのです。それを支えている家庭は第1のスペース、第2のスペースは学校や職場。この2つしかない人たちが結構いますが、社会学者レイ・オルデンバーグはサードプレイスの大事さを述べています。1980年代に提唱された言葉ですが、いまこそサードプレイスの重要性が増してきているように思います。「サードプレイス」を持って、そこでとんがっている人は、結構おもしろい人生を歩んでいます。

諏訪中央病院にいるA先生。仕事のできる医師です。患者からも同僚たちからも尊敬されています。時間があると、自転車に乗って身体を鍛えています。自転車のレースにも出ていると聞きました。彼は定年よりも早く退職し、北海道の山の中に入り、新雪三昧。スキー場のコースを外れて、新雪を堪能したといいます。スキー大好き人間の僕からすると、うらやましくもありました。日本一周を目指して、自転車旅行をしたりして、人生でやり残しがないように実践しています。勇気がいったと思います。諏訪中央病院が大好きで、その合間に病院に戻ってきて、仕事をするのです。

僕はそんな彼の人生をうらやましく、まぶしく見ていました。「A先生、医師人生を語る」と題して、飲み屋を貸し切り、僕が主催をしてたくさんの病院の医師たちが彼の話を聞きに来てくれました。みんな彼に一目置いているのです。

僕が敬愛している一部上場の起業家は、バンドでギターを担当し、曲づくりをしています。サードプレイスがあることによって、自分の仕事をより新鮮な形に発展させているのではないかと思います。行きつけの飲み屋がサードプレイスになる人がいるかもしれません。ジムや読書会、あるいは地域のボランティアグループに入って、自分流のサードプレイスをつくる人もいます。

ノマドワーカーなどもサードプレイスの考え方から発生してきているように感じます。ノマドとは遊牧民のことを指す言葉です。行きつけのカフェでスキルアップのための勉強をしているうちに、ノマドワーカーになって第1のプレイスである家から離れて転々としながら生活をしていくという、とんがった生き方も生まれ始めました。とんがる場所はどこにでもあることを忘れないのが大事です。

職場の帰りにカフェで過ごす時間をつくったり、気の合う仲間がいる別のコミュニティに入ったりして、安らげる場所をつくるのも有効だと思います。

価値観を変える「とんがりレッスン」

＊サードプレイスを持っている人は強い。

＊ノマドワーカーなんて生き方もかっこいい。

妥協せず、奔放に生き抜いてもいい

「ミッドライフ・クライシス」という中年危機に、多くの人が陥ります。早い人は30代後半から、遅い人は60歳くらいまで。「本当に僕がやりたいのは？」と悩むのです。僕も50歳手前の頃に、心の糸が切れました。他人が見たら、誰よりもおもしろく生きてきたと映るでしょう。それが逆に「僕の人生はこれでいいのか」と思わせたのです。

自分を元気づけるために、大好きなエゴン・シーレの絵を見にウィーンに行きました。ここを訪れる多くの人はクリムトの絵を見に、ウィーン市の美術館を訪れるのですが、天邪鬼な僕は、まだその頃は日本で知名度が高くなかったエゴン・シーレの作品を収蔵するレオポルド美術館に足を向けました。芸術鑑賞でも、王道を外れて横道に入って行くのがカマタ流。エゴン・シーレの絵は「なんでもあり」と思わせてくれる迫力があり、「自由におもしろがって生きればいいんだよ」と背中を押してくれました。

彼は、19世紀から20世紀初頭にウィーンを中心に活躍したオーストリア人画家です。幼少期から類い稀なる才能の片鱗を見せましたが、その才能ゆえに世間の常識や規則との軋轢《あつれき》に苦しみました。称賛を集めた一方で世間の批判にさらされ続けました。苦難を乗り越えて出展した作品が大きな注目を集め、一躍、画壇の寵児になったのも束の間、スペイン風邪によって、28歳の若さでこの世を去ってしまうのです。

シーレ家唯一の男の子として大切に育てられた彼は、幼い頃から画才に溢れていましたが、家族は彼が画家になるのを望んでいなかったようです。でもやがて最年少の16歳でウィーン美術アカデミーに入学することになるのですが、そこで待っていたのは、100年もの間続けられてきた型にはまったカリキュラムが支配する世界だったのです。彼は、そんな学校の在り方に馴染めずに、徐々に学校をさぼるようになります。そして既存の価値観に飽き足らず、退学を決意するのです。

その後シーレは、当時タブー視されていた「死」や「性」など、倫理的に問題視されるテーマをむしろ強調するような作品を好んで制作しました。官能的なエロスの描写は見る人を釘付けにします。当時は裸体や性を描くことが嫌悪されなくなってきてはいたものの、シーレの表現は過激すぎ、世間には受け入れられなかったのです。でも、どんなに酷評を受けても、彼は描くことをやめようとはしなかった。

「新しい芸術などというものは存在しない。新しい芸術家がいるだけだ。それは創造者でなければならず、過去から引き継がれたものを用いず、まったく独力で基礎を築き上げなければならない。そういう人間だけが芸術家の名に値する」

とシーレは語っています。少女誘拐疑惑、妹との近親相姦の噂など、数々のスキャンダルを起こしながらも、自らの価値観が揺らぐことなく生きた画家の人生……。苦難に直面しながらも、決して情熱を失うことなく歩み続ける姿があります。

2023年3月に亡くなった音楽家の坂本龍一さんが愛した言葉のように、まさに「芸術は長く、人生は短い」のです。

でも僕は、そんなシーレの〝はかなさ〟に共感します。彼は100点以上の自画像を発表していますが、あまりにも早くドラマチックな死を遂げてしまったために、自分自身を神秘のベールで包んでしまったシーレですが、まるで一瞬の光のような生涯が紡いだ自画像には、狂気を孕《はら》むような生命の躍動と、いまにも壊れてしまいそうな、もろさやはかなさが共存しています。「人間は、多面的なもので一筋縄ではいかないよ」と言っているように思えます。

彼の自画像には、人間の持つ抗いようもない矛盾や弱さ、迷いなど、ともすると隠されてしまう人間の本性を暴き出し、不思議な美しさが宿っているようにも感じさせるのです。

価値観を変える「とんがりレッスン」

*リスク回避を繰り返して、指をくわえて人の成功を見るなんてまっぴらごめん。人生は一度だけ。地団駄を踏むような生き方は大嫌い。激しく生きてもいいのだ。

*失敗は恐れない！

常識を更新せよ

バンクシーオンラインで「常識を更新せよ。多様化する社会の新ルールブック」と題し、言いたい放題のトークショーを行いました。

ロボットコミュニケーターの吉藤オリィさん、お笑い芸人の山田ルイ53世さん、作家の鈴木涼美《すずみ》さん、それにカマタのクセモノ4人衆です。

なかでも、鈴木涼美的生き方はすごい！　彼女は慶應義塾大学環境情報学部を卒業。お母さんが児童書をたくさん翻訳している児童文学者の灰島かりさん、父親は鈴木晶さんで、エーリッヒ・フロムの『愛するということ』、エリザベス・キューブラー＝ロスの『死ぬ瞬間』などを翻訳しています。この2冊とも僕の愛読書。「この本を翻訳した人がお父さんなのか」と、まずびっくり。

母方の曾祖父は、市川市国府台《こうのだい》にあった「里見八景園」の創業者。鴻月《こうげつ》という有名料亭は祖母が経営者でした。僕が通った東京医科歯科大学の教養学部はこの近く、里見公園のそばにありました。鴻月にはもちろん行ったことはありません。

そうそうたる家族のなかで、彼女は高校の時期に、ブルセラでパンツを売り、大学時代はAV女優。「キャリアを積むとだいたいは価値が上がるのだが、私がやったブルセラやキャバ嬢やAV女優は初めが一番価値があって、その後価値がだんだん下がる」と話していました。なかなか大変な仕事なんだそうです。

でもそんな生活をしているときも、カバンのなかには遠藤周作の『沈黙』が入っていたという。本が大好き……。

もうすぐ40歳というときに、ついに『ギフテッド』（文藝春秋）が第167回芥川賞候補作になります。「夜の街が生んだ才能。鈴木涼美のデビュー作」とキャッチにはあります。「歓楽街でホステスをしている『私』に残る過去の傷跡。若くして命を絶った風俗嬢の友人――生と死の境界線をつなわたりする女たちを描いた新世代の日本文学誕生」とも。

この小説では、主人公のお母さんが胃がんで亡くなっていくのですが、彼女自身、2016年に母親を66歳で胃がんでなくしています。もちろん小説と実話はまったく別ものですが、母と娘の生と死は微妙にオーバーラップしているのでしょう。

この小説のなかでお母さんが「わからないことをわかっちゃダメだ」「わかることだけをわかりなさい」と、亡くなる直前にこんな話をします。「人生なんてわからないことがあっていいんだ」と、作家の鈴木涼美がお母さんの口を使って語っているのです。「さいごはドアがパタリとしまりますよ。ドアがしまるとき、かいせつは、いりません。できればしずかにしまるといい」という記述で終わります。

小説の始まりから何度もドアの話が出てきます。「うまいつくりになっているな」と感心しました。自分のやってきたことを肉体化して、小説にしている。

鈴木さんはまだ芥川賞候補であって、芥川賞を受賞しているわけではありませんが、いずれ賞をとって注目の作家になっていくはずです。

社会学者として論文も書き、エッセイストとしてエッセイも書いてきた。そして小説……。

どんな生き方をしても、自分がおもしろがって「これでいい」と思っていれば、人の目は気にしなくていい。彼女の生き方は、それを見事に表しているように思います。

価値観を変える「とんがりレッスン」

＊「ちょうど」の範囲は、人によって違う。その範囲を押し広げていけば、大変な世界もおもしろい世界も、きっと待っている。生きていればなんでもあり、です。

＊道をはずれても大丈夫。寄り道は人生を豊かにしてくれることが多いのです。

ときどき、枠からはみ出してみる

大学受験に失敗した浪人時代、アメリカの社会学者のデイヴィッド・リースマンの『孤独の群衆』を原書で読み始めました。英語は嫌い。受験英語にむしゃくしゃしてきて、「どうせなら難しいものに挑戦してやれ」と、この原書を読み始めたのです。半分も理解できませんでしたが、それ以来、あえて難しいものにチャレンジする「背伸び」が、僕の生きる指針になりました。

リースマンは社会的性格の変化を歴史的に3段階に分けました。まずは「伝統的思考型」。従来の慣習やエチケット、儀礼、祭りなどの伝統的なものを通して時代の価値観がつくられていったというのです。いまでもこの伝統的思考に縛られている人がいます。早くこの慣習を解きほぐして、ちょっとだけでも自由になることです。

その後「内部思考型」に変化します。教育や個人の道徳観が重視され、平穏な社会のバランスを保つために「罪の意識」が強調されたのです。つまり「ムラ意識」。その中にどっぷり浸かっている人たちは、早くムラ意識から脱出したほうがいいのです。

そして「多面思考型」に変化をしていきます。人々の思考や行動の基準が内部思考型ではなく、他の誰かや特定のリーダーに影響されるようになり、ラジオやテレビ、マスコミなどによって動くと語っています。だからこそ僕は、自分のなかに自分流の羅針盤を持とうと決めました。マスコミやリーダーたちに誘導されたりしないぞと決意したのです。大学卒業後、都内の病院に入らず、地方の潰れそうな病院に就職したのも、チェルノブイリの子どもたちへの医療活動を始めたのも、同じ意識から。

背伸びをしたり、ジャンプをしたり、ときに枠からはみ出ることも大事なのです。

価値観を変える「とんがりレッスン」

＊自分の周りにあるムラ意識に染まるな。意識的にはみ出てみたら。

「低反発力的生き方」をしよう

人の生き方は多種多様でいいのです。でも「ちょうどいいわがまま」で生きたいのなら、自分の得意技を持つと、もっと生きやすくなるかもしれません。僕がこだわっているいくつかの「力」＝パワーを挙げてみます。

たとえば「大口力《おおぐち》」というパワーがあってもいいのです。誇大妄想だったり、大風呂敷を広げる。それだけではなく、一緒にご飯を食べると、とにかく大口を開けてバカバカと食べる食べっぷりがすごい、そのうえ、喋りっぷりもすごい……世間的には「困った人」の部類に入っても、何か頼りになりそうな感じがします。でも、人に与える、この〝感じ〟が大事なのです。僕も大口力はありそう。

「聞き上手力」などもいいですね。すぐ話に口を挟んで、人の話を横取りする人は嫌われますが、こうして自分の話ばかりする人はよくいます。

あるいは「行間読み力」なんていうのも素晴らしいし、これに類する「インタビュアー力」が溢れた人も魅力的。みな聞き上手です。

「副隊長力」なんていうのもかっこいいですね。リーダーシップに溢れる「隊長力」も大事ですが、ともすれば立派すぎて押しつけがましく感じてしまうこともあります。それに比べ、グループのまとめ役で、みんなに頼りにされる副リーダーの存在は、実はとても大切なのです。僕はこのポジションが大好き。諏訪中央病院では前任の今井澄《きよし》病院長時代、副院長の僕の仕事はおもしろかった。「福祉21茅野」のまちづくりでは、医師会長だった土橋氏がトップ。僕は10年間、サブリーダーをつとめました。トップの人間力がすごく、この10年、幸せでした。

そして、一番魅力的なのが「低反発力」です。実はこれは難度の高いパワーなのです。低反発というのは、じわーっとへこみながらじわーっと戻っていきます。反発力が強いと、パンと跳ねのけられて終わりです。でも低反発は、力を加えられても、ふわっと包み込むようにしながら、気持ちいいところで押し返してくれます。こんな生き方は最高だなと思っています。

僕は1年に一度、ジャズ奏者の坂田明さんとトーク&ライブを開いています。彼は僕より3歳上の兄貴、78歳です。脳卒中で闘病生活もしましたが、筋トレに励んで、脳卒中前よりもいい音を出しています。1000人ほど収容できる大ホールでは、ピアノをお供に、ホール中を魅了します。その圧倒的なパワーは、驚嘆の一語です。

2023年3月には、ヨーロッパのミュージシャンと結成したユニット「ARASHI」の春のツアーで、単身ヨーロッパへ向かいました。そこでヨーロッパの著名なドラマー、若いベース奏者などと合流して、ベルギーを皮切りにイギリス、ドイツ、オーストリア、スウェーデン、ノルウェー、ギリシャ、イタリアをツアーで回ったのです。驚くべき低反発力パワーです。

脳卒中になっても、高齢になっても、コロナでコンサートができなくなっても、坂田さんは決していじけていない。コロナが蔓延する時期でも、見事に自分流に生き抜いていています。僕も75歳になりましたが、1年に5、6冊新しい本を書き、2年先まで大手の出版社が順番を待ってくれています。70歳を過ぎて、だんだんと消えていくかと思っていたら、自分のなかにも低反発力があったことがわかってきました。大事なのは「じわーっ」です。

価値観を変える「とんがりレッスン」

*自分の得意技を持とう。大口力でも聞き上手力でも、インタビュアー力でも何でもいい。

*低反発的生き方が大事。どんな厄介なことが起きても、上手に包み込んで知らないうちに問題解決なんていいね。

フィルター・バブルにだまされないこと！

「多面思考型」といえば言葉は綺麗ですが、現代ならツイッターやYouTubeによって社会が動いていくということと同義です。それでさまざまな意見を得て、個々人が総合的な判断材料にするなら大歓迎ですが、得てしてインターネットに支配されがちになるのです。

この頃インターネットでニュースを読んでいると、似たような情報が次から次へと提示されます。猫好きの人は一度、猫の動画を閲覧すると、次もまた猫のかわいい動画が提示され、ついついその動画を開いてしまいます。陰謀論が好きな人も、ついつい陰謀論を読んでしまうので、次々と陰謀論やフェイクニュースが集まってきて、いつの間にか、それぞれが世界の真実のように思えてしまうのでしょう。でもインターネットに支配されてはいけません。これは上手に利用すべきもの、自分流の生き方のツールにするべきものなのです。

インターネットで収入を得ようとしているプラットフォーム企業は、ニュースの横に貼り付いている広告を見てもらうために、ネットのユーザーの好みに合わせた情報が集まる仕掛けをしています。フィルター・バブルです。Facebookで押した「いいね」を300件分析すれば、その人の性格や行動を正確に把握できるという研究もあります。それぞれ自由意思で情報と向き合っているように思っていても、すでに、泡（バブル）のなかに閉じ込められていて、そのことに気がつかないで生きているかもしれません。

僕はデジタルがあまり得意ではありません。日々の記憶の整理のために、365日ブログを公開していますが、日記帳みたいなものです。他の人の情報に対しては、面倒なので「いいね」は押しません。インターネットを使う僕の性格や行動を把握されたらたまったものではないからです。LINEは利用していますが、ツイッターもインスタグラムもやりません。

見えないバブルに押し潰されないためには、「デジタル・オンチ」でいるのがいいなと思っています。デジタルとの距離をほどほどに取りながら、ちょうどいいわがままにこだわって、これからも育ての父から獲得した自由を守っていきたいと考えています。

価値観を変える「とんがりレッスン」

＊ＩＴは大事！　でもちょうどいい「デジタル・オンチ」という、ほどほどを忘れないで。

＊あなたの「好き」をＡＩは察知する。あなたの元には、あなたの好きなニュースだけがやってくる。そんななかでも、「わが・まま」精神を忘れちゃダメですよ。

「偏差値」から「変さ値」へギアチェンジをしてみよう

「偏差値で人生を決められるなんて、まっぴらごめん」

高校生の頃、そう考えていました。

偏差値とは、平均点と自分の得点を比べ、集団のなかの自分の位置を示すもの。平均点なら偏差値50。平均点より成績が高くなれば、偏差値も高くなり、中学生、高校生にとっては、偏差値で進路が決まってしまうようなところがあります。

でもこの「偏差値至上主義」が、いつも他人と自分を比べ、「自分がどこのポジションにいるか」を確かめながら生きる日本人の志向をつくってきたのではないかと思うのです。

そろそろ、偏差値の時代は終わりにしましょう。偏差値で生きていると、おもしろい生き方ができなくなってしまうと僕は思います。少なくとも大人になったら、偏差値から「変さ値」へギアチェンジしたいものです。

僕は年に数回、中学校や高校で「教科書にない一回だけのいのちの授業」をしています。中高生たちに伝えるのは、「偏差値より変さ値が大切」ということです。「変さ値」なんて言葉はありません。僕の造語です。でも、発想や表現がユニークであることや、人と違っていることの「変さ」を評価する社会になったら、もっとおもしろくなると思うのです。

「少し変わっている」くらいが大事なのです。「いまの成績がそれほどでなくても、将来性を望めるような生き方を考える習慣を持って、学校のなかでみんなをまとめる活動をしたり、部活で自分自身を鍛えたりして前向きに自分をつくりあげよう」と背中を押したいのです。

僕はずっとこの「変さ値」にこだわってきました。39歳で病院長になり、病院の運営を考えたとき、東京の病院のモノマネをしてもダメだと思いました。その地域をよく知り、その地域に合った病院を目指すことが、魅力的な病院づくりになると思ったのです。

ただ奇をてらって、ＳＮＳでバズればいいというのは、発想が貧困です。何となく空気を読んで、それに合わせて行動するというのも、変さ値の低い行動だと思います。

日本は同調圧力が強く、「空気を読めないのはもってのほか」という意識が強い社会です。「空気が読めない」人は〝爪弾《つまはじ》き〟にされがちです。でも、空気を読んでいながら、あえてその空気通りに動かないことが大事なのではと、僕は思っています。

これが「変さ値」です。周囲の空気や流れに迎合しないで、自分自身の考え方を大事にする生き方のこと。言い換えると「変わっていること、人と違っていること」は、人生を生きていくうえでとても大事なことだと思います。

変さ値を高めるには、自分のことだけでなく、周囲をよく観察し、視点の位置をさまざまに変えながらとことん考えることが大切です。空気を読んでも、空気に流されない勇気も必要でしょう。

まずは、自分の「変さ」に気づき、大切にすること。「少し変でもいいんだよ」と自分を認められるようになれば、やがて積極的に、意識的に「変さ」を出していけるようになります。すると、自分のなかに隠れていた、自分自身も気づかなかった唯一無二、ユニークなあなたが発見できると思っています。

それができたら、今度は他人の「変さ」にも敬意を払い、認め合うこと。そんな変さ値の高い社会が実現すると、日本は経済停滞の国から、元気ある経済大国へ、再び復活するのではないかと思います。

価値観を変える「とんがりレッスン」

＊自分の人生の質を高める秘訣は、自分流にこだわって、「変さ値」を高めること。

＊「変さ値」。これが、まさしく「ちょうどいいわがまま」の極意になるはず。

フューチャー・デザイン的な生き方

5年後、どんな生き方をしていたいか、10年後、どんな人間になっていたいか、人生の節目節目で自問自答してきました。僕は30代の終わりに院長になりましたが、大学進学時に「どんな寿司屋だったら成功するか？」を考えたことが、のちの病院経営に役立ちました。寿司屋にも「また来たい」というところと、「二度とゴメン」という店があります。

病院でも「患者さんによろこばれる病院」があるはずです。自問自答が、その後の財産につながっていったと思います。「こうなったらいいな」という将来の自分、それを実現するための条件を思い浮かべると、そのためにいま何をしたらいいのかが見えてくるのです。「未来」は「いま」の積み重ねですが、未来から「いま」を振り返ると、よりよい選択ができるように思っています。

新しいまちづくりの手法として「フューチャー・デザイン」という発想が注目されています。これは、高知工科大学フューチャー・デザイン研究所の西條《さいじょう》辰義《たつよし》所長が提唱しているもの。持続可能な自然と社会を将来世代に引き継ぐために、市場や制度を何らかの形で制御して新たな仕組みをデザインしようという考え方です。

たとえば、将来世代の視点に立ち、その世代の利益を代表する役割を与えられた人々（仮想未来人）は、現代世代の人々とは異なる思考をして、将来世代の利益を擁護することが実験や実践でわかってきました。つまり30年後、40年後の未来人になりきって町の将来を考えていくと、目先の損得勘定から解放され、ユニークで斬新なアイデアが生まれやすいということです。

まるで、未来の自分がタイムマシンでやってきて、「明るい未来になるか、暗い未来になるか、いまが分岐点だぞ」と警告してくれたり、「明るい未来のために、いまから始めよう」と背中を押してくれる。そんなＳＦ小説とちょっと似ています。

このフューチャー・デザインを積極的に実践しているのが、岩手県にある人口

2万7000人の矢巾町《やはばちょう》。50人の住民に仮想未来人になってもらい、新たな水道事業に参加してもらいました。すると、水が欠かせない病院や避難所などの配管交換を最優先することだけでなく、水道料金の値上げも、住民のほうから提案されたのです。未来の地域の水を守るために住民が主体性を発揮できるのも、このフューチャー・デザインのよいところだといいます。

75歳の僕は30年後、おそらく生きてはいないでしょう。自分が生きていなくても、子どもや孫の世代の人たちにはもっと健康で、もっと幸せになってほしいと思っています。それを実現するためにも、仮想未来人になって、いまの自分と対話することが大事になってくるのです。

価値観を変える「とんがりレッスン」

＊未来人の目でいまを見つめると、新しい生き方が見えてくる。
＊フューチャー・デザインの発想は、ビジネスでも利用できる！

行き詰まってきたら動いてみる

文化放送のラジオ番組「日曜はがんばらない」が12年目を迎えました。日曜日朝6時20分からで、インターネットで全国どこでも時間に関係なく聴くことができます。

お便りが多い番組になりました。長崎で4代続いた鼈甲屋《べっこうや》さんがいます。鼈甲は熱帯に棲むウミガメの一種・タイマイの甲羅の加工品ですが、原材料であるタイマイの輸入が禁止され、バブル崩壊、雲仙・普賢岳の噴火などで経営難に見舞われ、そのうえ本人が人工透析をするようになって、お店をたたんでしまいました。

ご主人は軽井沢の空気に魅せられて、余生はこの町で静かに暮らしたいと、2002年に信州浅間高原に住処を移しました。その当時は43歳で、やがて還暦に近くなり、「このまま死んだら、手元にある鼈甲製品は骨董《こっとう》品店に並ぶことになる。それは切なすぎる。だったら購入価格はお客様に決めていただこう」と、鼈甲愛好者に製品を届けるため、週に一回、オークションに出品するようにしました。

「修理はできますか」の問い合わせには、「私どもの商品の修理ができる腕のいい職人はもう現存しません。だから大切にお使いください」と返答。すると、とても貴重なものだということがわかったようで、かえって人気に火がついたそうです。原材料が輸入できない以上、今後は消滅するだけなのです。「未来はありません。私のお役目はしんがりとしてささやかな文化の終焉を飾ることです」と、ご主人は語ります。

番組には、こんなお便りもいただきました。

「鎌田先生を存じ上げるようになったきっかけは、86歳の母が数年前に脳梗塞で半身が不自由になり、諏訪中央病院に『ふれあいの里』という介護施設が併設されているのを見つけたこと。何回か母親がお世話になりました。おかげさまで1歳年上の父親も介護から解放され、休養を取ることができました。病院からほど近い原村で過ごすことが母親の生き甲斐となっております。我が家はごく普通の3人家族でしたが、50年くらい前、原村に土地を購入して家を建てました。それからは毎年、時期を見ながら家族で過ごすようになりました。私も今年で60歳となりますが、定年した去年から一念発起して週末に行き、庭と家の手入れを始めました。原村のカナディアンファームで夕食をいただき、鎌田先生のことも話題とさせていただきました」

長崎から信州へと、まったく文化の違うところに引っ越してきて、透析を受けながらも新しい目標「鼈甲文化のしんがりをつとめる」という役割を見つけた男性のように完全に移住するというやり方もあります。2通目の女性のようにファストスペースだけではなく、セカンドスペースを持つのも、とてもいいことだと思います。

人間は居場所からいろいろ影響を受けます。自分の病気や親の介護などで煮詰まってきたら、生活する場を少し変えてみるというのもいい戦略のように思うのです。

価値観を変える「とんがりレッスン」

＊自分流の引っ越しをするのもいい。

＊セカンドスペースを持って生活の仕方を変えるのもいい。

どこで生きてもいい。おもしろく生きれば

新型コロナ禍でリモートワークが広がったこともあり、地方移住の機運が高まっています。自分のコミュニティを変えようという意識が広がってきた証拠です。新型コロナ禍にさらされ、生活スタイルを見直す人が増え、移住希望者も急増しています。

地方移住の案内や相談に応じている「ふるさと回帰支援センター」によると、2021年の移住相談件数は約5万件。統計を取り始めた08年と比べて20倍に増えているそうです。

地方移住というと、「定年後に第二の人生を過ごすための選択肢」というイメージを持ちがちですが、いまは40代以下の若い世代が7割以上を占めるそうです。

「テレワークの普及で都会にいる必要を感じなくなり、『仕事中心の生活を変えて人

生を見つめ直したい』『自然環境のよいところでのびのび暮らしたい』と考える人が増えています」と、同センターは語ります。

僕は「わがまま＝わが・まま」、つまり「自分の生きたいように生きる」ということだと考えていますが、「〝自分らしい〟生き方を模索したい」人たちにとって、地方移住はとても魅力的なはずです。

ただし、「なんとなく暮らしやすそう」とか「自然に憧れて……」というイメージだけを先行させて安易に考えてはいけません。地方には地方なりの〝濃密な〟人間関係があって、自分をしっかり持っていないと、地域の輪に入りにくいからです。

どこで生きてもいいのです。都会がいいとか、田舎がいいとか、そんなことはくだらない選択です。問題は、一度だけの人生を自分がおもしろく生きているかどうか。その問いを持ち続けることが大事です。

柴田久美子さんは、一般社団法人日本看取り士会をつくった女性です。この人は、大阪ＹＭＣＡ国際専門学校を卒業後、日本マクドナルド株式会社に入社。マクドナルドでは、常にスピードを求められ、自らも率先して、スピードのある生き方をしました。結果、心のバランスを崩し、うつ病の診断を受けます。マクドナルドで16年勤めたあと、レストランを経営。ビジネスとしてうまくいっていたものの、夢中になれず、今度はまったく違う仕事を始めます。

福岡県の介護施設に入り、介護福祉士の資格を取得。何でも一生懸命。介護施設では仲良くなった患者さんから「あなたに最期を看取ってもらいたい」と言われても、その介護施設では最期の場面では病院に送られる現実を目の当たりにします。

そこで彼女はなんと、島根県隠岐諸島の知夫里島《ちぶりじま》に移り、「看取りの家」をつくってしまいます。人口は600人ほど。本土と行き来する船も限られていました。ここで抱きしめて看取るという彼女流の看取りの原型をつくります。その後、日本看取り士会をつくって岡山に移住します。

波乱万丈、2019年には榎木孝明さん主演で日本医師会後援の「みとりし」という映画をつくってしまいます。映画は無事完成しましたが、コロナで劇場上映がほとんどできませんでした。いまも地域で上映会を行っています。6500万円の赤字を抱えているといいますが、いたって元気。マクドナルドの16年も、離島での14年もキンキンするような大変な時間だったとは思いますが、おそらくいつもどこかで全力投球というゾクゾクする時間が流れていたと想像しています。場所なんてどこでもいいのです。夢中になっておもしろく生きられるかどうか。ここが勝負なのです。映画製作者になる人生もギンギンにおもしろい人生のように思います。

諏訪中央病院では、医師や看護師、そのほか薬剤師など、専門職が全国から集まってきます。気に入ると、家を建てて定住をはじめます。地域や環境が気に入ったからだと思います。事務職のなかにも、東京から何度も遊びに来ているうちに気に入り、採用試験を受けて、いまでは病院の大切な人材になっている人もいます。そんな人に話を聞くとやはり、大都会での生活に少し疲れたとか、うんざりしたとか、自然のなかで子どもを育てたいとか。アパートを借りて生活をしているうちに、地域の人と仲良くなり、人のつながりが気に入ったという人もいます。

僕が住む長野県茅野市にも移住支援制度がありますが、「地方で暮らしてみたい」と考える人がいたら、「実際に足を運んで、ここで自分に何ができるかを考えてからにしたほうがいい」とアドバイスします。

また、移住してみて「合わないな」と思ったら、早めに見切りをつけること。深入りする前に「わがまま」をはっきりさせるほうが、かえって周囲に迷惑をかけないですむのです。

価値観を変える「とんがりレッスン」

＊おもしろがって生きれば、何よりも幸せに近づく。
＊おもしろがっていると、自然と人生がとんがってくるのだ。
＊場所はどこでもいい。しかし場所を変えるのがひとつのきっかけになることを忘れないで。

「日本脱出」というわがまま

国内移住からさらに進んで、海外で暮らすという選択肢もあります。このところの急速な円安で、海外で働く若者たちがお金を貯めやすくなっています。美容師や理容師として日本で雇われて働いても給料が二十数万円だった人たちが、オーストラリアに行ったら50万円を超すようになった、アパート代や食事代は高いが、上手に倹約をすると日本にいたときよりも何倍も貯金できるようになったといいます。

日本経済は凋落の一途をたどり、若者たちが働く環境は決して恵まれていません。そこで海外で働いてお金を貯め、自分の夢の原資にする若者の姿が注目されています。短期のワーキングビザで渡航して、上手にアルバイトの口を探せば、円安のせいもあって、日本にいるよりはるかにお金が貯まるといいます。もちろん、それなりのスキルと度胸が必要なのはいうまでもありません。

世界三大投資家のなかに、ジム・ロジャースという大富豪がいます。彼は日本が大好き。敗戦国の日本の株に注目して、日本は成長すると考えて投資を続けてきました。その大好きな日本の若者に、「日本から逃げろ」と言い出しています。人口減少が激しくなり、20年くらい前は団塊世代のなかにお金を使える人たちがいたが、いまはお金を使える人たちがほんのわずか。内需国なのに、消費が伸びない国になっています。彼はシンガポールに住んでいますが、シンガポールは外国人が自由にビジネスできることで外需国になりました。日本は内需国を維持しながら、そのうえ移民を受け入れず消費が拡大せず若者たちは貧しくなり、子どもを産まなくなったり、産めなくなったりしている。日本は、ますます斜陽化していくだろうと読んでいるようです。その通りだと思います。彼はこう語っています。

「違う国を見て視野を広げることも大事。そして外国に行くのなら、旅行者として観光名所を見るだけでなく、その国の人々がどういった歴史を背景に、どんな生活を送っているのかも学んでほしい。学ぶことはただの旅行よりもずっと楽しいものだ」

僕のよく知っている編集者のYさんも、密かに「海外移住」を実現したいと狙っている一人。そのために英語に磨きをかけています。

彼女はいまのところ独身で「結婚願望はない」そうです。仕事にやりがいを感じてはいるものの、日本の出版界の現状を見るにつけ、やはり「日本語」が主体の世界では飛躍に限界があると感じたそうです。そこで、アメリカやイギリスに渡って、英語圏を相手にした出版ビジネスに携わりたいという大きな夢を抱いています。

考えてみれば、プロ野球の実力者たちが続々と大リーグに挑戦するのも「本場で実力を試してみたい」と願うからでしょう。自分の力がどこまで通用するか、人間の根源には、それを証明したいという欲求があるのです。

ワクワクする夢を、僕も応援したいものですが、仮に実現できなかったとしても、夢を抱くだけでもモチベーションがアップし、自己達成感が高まるはずです。

僕は「今後は世界を相手にしたい」という気持ちを応援したいと思います。と同時に、「海外で活躍」を夢見る人たちがもっともっと増え、どんどん日本を脱出していってほしいと思いました。

もう一人の大富豪にウォーレン・バフェットがいます。彼は、2023年の日本株の急激な上昇を予想していました。たくさんの日本株を買っていたといわれています。バフェットのこんな名言があります。「今日や明日、来月に株価が上がろうが下がろうが、私にはどうでもいい。10年後にどうなるかが私にとって大事なことです」ということは、バフェットは10年後の日本を評価しているということです。ロジャースは日本売り。バフェットは日本買い。大成功をおさめている投資家でも、日本の未来を予測できません。だとしたら……。こういう違った意見があることを承知のうえで、どちらに共感を覚えるか、えいやと決めてしまえばいいのです。

価値観を変える「とんがりレッスン」

＊生き方、働き方の選択肢が多様になる時代。日本にこだわらず、世界を相手に暮らすという選択肢もある。日本売り、日本ダメの空気が強まったら、逆に日本買いという逆張りもあることを忘れないで。

「……したい夢」が「自分らしさ」を生む

Yさんのような「夢」を「海外で働くなんて大それたことを……」と笑うのは勝手です。でもよく考えてみてください。

日本社会がここまで停滞したのは、相変わらず「みなが同じ」という意識が、心のどこかにあったからではないでしょうか。新卒一律採用で企業に入り、組織の枠のなかで成果をあげた人が偉くなって、悠々と老後を送るというのが、これまでの日本の姿でした。

しかしいまは、与えられたものを受け入れ、与えられた義務を忍耐強くこなす時代ではなくなっています。

「もの」や「こと」の幅が増え、選択肢が広がってきた結果、むしろユニークで他人が真似できないような仕事や生き方を実現し、「自分らしさ」を貫いている人こそが、魅力的な姿となってきています。

ただそこで、「自分らしく生きたいから仕事を辞めました」「自分らしく生きたいので離婚しました」という声を聞きますが、実はこれは「ちょうどいいわがまま」とは少し違うと、僕は思っています。

「ずっと我慢してきたことを捨てる」のはいいし、煩わしいことを断ち切るのも賛成です。でもそのあとに、「自分に何が残るか」を考えてからにしてほしいと思うからです。「しっくりこない」というだけで闇雲に捨ててしまったら何も残っていないことに気がついて、また周囲に同調するということになりかねません。

言い換えれば、「これをしたい。そのために、いままでの無駄は捨てる」という明確な意識を持つこと。具体的に「やるべきこと」を見据えたうえで、いらなくなったことを捨てる。それが「自分らしさ」を発揮するということにつながると思います。

自分らしさや夢を捨ててまでみんなに好かれなくてもいいのです。自分のなかに好き嫌いがあるように、周りにもそれぞれ好き嫌いがあります。20人いれば、3人くらいがカマタに興味がない、嫌いなんていう人がいると覚悟しています。自分らしさや夢を引っ込めてまで友達を多くしようなんて思っていません。嫌われる生き方を恐れすぎないように、と自分に言い聞かせています。

価値観を変える「とんがりレッスン」

＊自分らしさを発揮する仕事は何か、どんな生活をしたいのかを明確にすれば、何を切り捨て、何を残すか、何に取り組むかの基準がはっきりする。

＊「自分らしさ」を犠牲にしてまで気に入られようとしないこと。

「失敗」オッケー。それで「寛容」になれるなら安い買い物

日本人には、総じて自分の長所よりも欠点ばかりに目がいってしまう人が多いのです。その原因は、子どもの頃から、いくらがんばっても「100点」になるまでムチを打たれる教育にあると思います。でもそうすると、嫌気がさして子どもは自信を失ってしまうのです。僕も、子どもの頃はなかなか自信が持てない人間でした。でも年を重ねて、やがて、自分の欠点があまり気にならなくなりました。

第一の理由は、成長するにつれて、ちょっとずつ自分にできることが見えてきたこと。誰しも「これが好き」「これなら自信がある」というものが1つや2つはあるはずです。

僕は小学生のときに受けさせられたIQ検査が非常に低く、それ以降ずっと頭がよ

くないと思ってきました。記憶力も悪い。生物や歴史の試験前は人の倍の時間をかけて、繰り返し頭に叩き込むほど。そして英語がとにかくできない。高校では学年でビリに近かったと思います。いまでも英語は苦手。一方、数学は受けた模擬試験や問題集を繰り返し見ながら解答を出すコツを自分のなかにつかみ、ときどきトップクラスの点数が取れるようになりました。しめたと思いました。1つ得意なものがあれば、あとは努力でなんとかなると思ったのです。「好きこそものの上手なれ」といいますが、得意なことを伸ばすのは、成果が見えやすいので努力のしがいがあります。それを磨いていくと、不得手なことが気にならなくなってきます。

2つ目は、「まず行動しよう」と決めたこと。できないことや不得手なことはたくさんありました。でもあるとき「できないからって悩んでいても、何の解決にもならない」ということに気づいたのです。

1990年、チェルノブイリ放射能汚染地域の子どもたちの命を救う活動をしないかと声をかけられました。それまで外国で医療活動をしたことはありません。NPO活動の仕組みも知りません。それなのに放射能の汚染地域を見てほしいと言われたのです。１９９1年1月、ウクライナのキーウからチェルノブイリ原子力発電所へ行きました。そして実情を見て、わずかでも何かしなければと思ったのです。それから32年、１００回以上医師団を送って、放射能汚染地域の子どもたちの甲状腺がんや白血病を治すお手伝いをしてきました。

「悩む暇があったらまずやってみよう」と学習したのです。成功する自信はありません。でもやってみたら、案外すんなりできてしまうこともありました。それ以来、迷ったとき、悩んでいる時間がもったいないと思えるようになりました。

３つ目は、欠点があるからこそ気づけたことです。欠点があるから気づかないこともあり、だからこそできないこともあります。そんなとき、自分だけではできないのだから、誰かの力を借りるようにします。すると、素直に「ありがとう」が言えます。

同じように、やってみて失敗すると、他人に対して寛容になれます。

自分も失敗したはずなのに、そのことはしっかり忘れて、他人の失敗を責めるのがうまい上司がいます。こんな上司は、一度ぎゃふんと言わせないといけないのです。

病院の院長時代、部下がミスをしても、それが患者さんの生命や安全に影響を及ぼさないものである限り、咎めたりはしませんでした。「自分も同じだった」「僕よりははるかにマシ」と思えるので、感情的な軋轢を生まずにすむのです。

毎日の生活や学習のなかで、こんなふうに「小さな成功体験と失敗体験」を自分で積み重ねていけば、自信を養うための大切なトレーニングになります。やがて、「自信がない自分」からちょっとずつ抜け出していけるはずです。

価値観を変える「とんがりレッスン」

＊好きなことを探してみる。

＊まずは行動する。

＊自分の欠点を承知しておく。

＊他人の失敗にも自分の失敗にも寛容になるのはいいことだ。

結婚のカタチこそわがままでいいんだ

先ほどのYさんに限らず、僕の周囲では「すぐに結婚したいと思わない」という人が増えています。特に女性にその傾向が強いようで、その原因は、日本社会では相変わらず「自分のためより家族のために」という〝期待される人間像〟が幅を利かせていて、そのベクトルが女性のほうにより強く向かっているからではないでしょうか。

一緒にいて楽しい相手、あるいはお互いに支え合える相手と巡り会えれば、それは結婚の意味もあるでしょうが、必ずそうなるという保証はありません。人間はそれぞれ感じ方も考え方も違います。おのずと好みが違ってきます。そんな2匹の〝動物〟が、狭い空間に暮らしていれば、必然的にすれ違ったり、ぶつかり合ったりしてきます。最近、若者が必ずしも結婚を望まないのは、そんな感情を先取りするからなのかもしれません。「結婚なんて意味がない」と考えても不思議ではありません。

僕自身は結婚して50年近くになりますが、全面的に素晴らしいものだとは考えていません。子どもにも孫にも恵まれ、もちろん結婚を後悔してはいませんが、生まれも育ちも個性も違う人間同士が一緒に暮らすのですから、反発や軋轢があるのは当たり前。でもその半面、誰かと一緒に暮らすことは、自分自身を成長させる意味でも、とても大きな役割を果たしてくれたと感謝しています。

必ずしも結婚という形態にこだわらなくてもいいのではないかと思います。「お互いが助け合い」なおかつ「一人でいる」時間を上手に設けるようなパートナーシップの形態を探してみるという方法もあります。たとえば週末だけ一緒にいるとか、同居していても、普段の食事は各自とり、気が向いたときだけテーブルを囲んだり、場合によっては何日も顔を合わさなくてもいいような関係とか……。わがまま結婚の極地です。２０２２年の婚姻数は50万組ですが、離婚数は17万９０００組。もっと自由な結婚のカタチができあがったほうが破局を減らすことができるのではないでしょうか。

わがまま結婚のスタイルが定着していけば、「結婚もいいじゃないか、おもしろそう」と思って結婚する人も増え、その結果、人口減少も防ぎ、日本社会の経済力はアップしていくはずです。

「24時間中、この人と顔を合わせなければならないのか」と思うとうんざりすることもあるでしょうが、「お互いに気が向いたときだけ」と思えば、会うことが新鮮になって、むしろ相手に愛おしさを感じるはずです。こんな関係のなかで子どもが生まれることもあります。

フランスのように、制度を緩やかにし、どのような関係のなかでも子どもが安心して産める国になるのが望ましいのです。古い結婚観からもっと自由になっていけたらいいと思います。フランスは先進国では例外的に合計特殊出生率（1人の女性が生涯で産む子どもの数に相当）が1・88（2018年）と高い水準を維持し、「少子化対策のお手本」とも言われています。2022年の人口動態統計によると、日本の特殊出生率は1・26。2005年と並んで、過去最低となってしまいました。2022年度の婚姻数は、3年前と比べて、9万4000組も減っている。生活の余裕がなくて結婚ができないという面と、結婚すると伝統的な家族感に縛られてしまうという面。

男女の役割分業と言いつつ、男性優位の社会に対する女性の反乱が起きているのかもしれないと思います。

いままで通りの結婚で子どもを産み育てていくには、もっと政府の応援があったほうがいいと思って、「子ども・子育て市民委員会」の共同代表をして、世の中のシステムを変えようと思っています。

世間は「理想の結婚」形態を押しつけてくるかもしれませんが、そんなのは「どこ吹く風」と受け流してしまう。大事なのは「自分にとってどんな形がいいか」を追い求めることです。どう生きるかは個人の考え方次第。親や世間の圧力なんて気にしないで、理想の形態を追求し、自分のわがままを押し通すのも大事なことだと思います。

価値観を変える「とんがりレッスン」

＊形態にこだわらなくてもいい。納得できなくなったら、また違う形を考えればいいだけ。気の合うパートナーがいるって、素敵なことだ。

主婦よ、いまこそわがままに生きよう

これまで、結婚は「幸せ」や「生きる価値」につながるくらい、重大な意味を持つものとされてきました。特に女性は〝順調〟にゴールインすれば、夫婦生活と子育てを生きがいにできると考えている人が多かったように思えます。

でも、どんなに熱々で結ばれたカップルでも、やがて熱が冷め、相手への期待度が薄れてくるのが普通です。最近の離婚率の増加は、その顕著な現れです。それでも子どもが小さなうちは子育てに忙殺されて過ごせますが、やがて成長していくにつれて、母親は急速にポジションを見失っていきます。そしてあるとき「自分は何をやっているんだろう」と懐疑心を抱く。そんな人は少なくありません。

僕の知り合いの女性は、そこで外に働きに出ることを考えました。「ワークシェアリング」の時代です。今後かかる子どもの教育費などを考えたら、少しでも経済的な余裕を持ちたいという理由もありました。でもそれをご主人に相談したところ、「子どもたちは生きがいじゃないのか」と怒られ、しまいには「一度働いてみれば、世間の厳しさがわかるよ」と突き放されてしまったそうなのです。

外に働きに出たいと思った彼女の心情は、とてもよく理解できます。でもそれ以上に、「女は家庭にいればいいんだ」と言い放つご主人の意識が心配です。こんな主張を押し通したら、ゆっくりと「熟年離婚」に向かっているとしか思えないからです。

専業主婦で生きたい人は、主婦の仕事をしながらどうおもしろい時間をつくっていくかを自由に考えられるといいですね。専業主婦を辞めて社会に出たい人は、夫に考え方を少し変えてもらい、二人で一人の「主婦&主夫」、ワークシェアリングをしたらいいのです。仕事場だけでなく、家庭でもワークシェアリングをしたらいい。動きのあるダイナミックな家庭づくりをすればいいのだと思います。そんな自由な空気のある家で育つ子どもたちは、おもしろい子どもになって、ちょうどいいわがままの「ちょうど」を学びながら、大人になっていける。そんな空間ができたら最高ですね。

彼女自身に、すぐにご主人の意識を変えられるパワーがあるとは思えません。しかし、生きがいを見つけられないそんな母親に育てられる子どもたちは、本当に幸せなのでしょうか。もしかしたら、彼女は心の奥底でご主人への恨みを深めていくかもしれません。

同時に、自分自身の「老後」を考えるうえでも、働く場所や外の世界を確保しておくことが不可欠なのです。

いまは「男は外で、女は家で」なんて時代遅れ。夫が家事をし、妻が生き生きと働いている家庭はたくさんあります。「粘り強く話し合って」とアドバイスしました。

価値観を変える「とんがりレッスン」

*夫たちよ、熟年離婚にならないように。「時すでに遅し」にならないようにね。

*新しいおもしろい家族関係ができたらいいね。

第4章
わがままでも「人と上手につながる」ことはできる

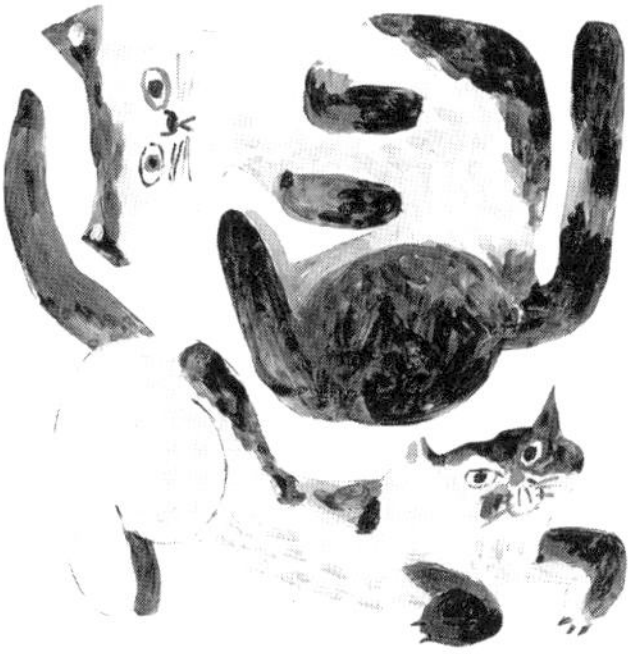

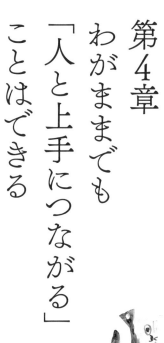

人間関係は「心のプレゼント」が肝心

僕は子ども時代、友達はたくさんいましたが、ひとり時間が好きな子どもでした。日曜日は近所のお寺の境内にポツンと座って本を読んでいました。前にも書きましたが、僕を養子にしてくれた父は、心臓病の母を支えながら懸命に生きている。その姿を見たら、自分がしっかりすることが先決と考えたのです。

やがて、そんな僕に話しかけてくる友人がいました。寺の境内で、僕は一人で読書をしていました。アルベール・カミュの『異邦人』を見て、彼は「おもしろいものを読んでいるね」と声をかけました。「今日、ママンが死んだ」というセリフから始まるこの本の、不条理というより、何が何だか本当はよくわかっていなかったけれど、とにかく屈折したものが好きだった僕にとって、その一言が大きなプレゼントになりました。

そのとき僕は、「そういう人と本当に友達になりたいと思ったら、僕はどんな何かを渡せるだろう」と考えたのです。「何か」とは、相手にとってプラスになる〝何か〟です。楽しい話でもいいし、共通の趣味の情報でもいい。温かい言葉でも、慰めでもいい。相手がよろこんでくれて、それを知って自分がうれしくなるようなことです。彼は僕の大切なディベートの相手になりました。たくさんの本を読んで教養のある彼の胸を僕は借りたのです。彼のことを大切な友達だと思いました。

利害関係ではありません。物質的なことだけでなく精神的なことまで、相手のことを考えて渡してあげるものです。友情だけでなく、恋愛においても、お互いが「心の何か」を交換しあえている限り、関係は続いていくと思っています。

人生を振り返ると、自分はいい運と、いい縁に恵まれたとしみじみと感じています。育ての父や母に出会えたことで、いまの僕があると思っています。一方、僕はもちろん彼らに物ではない大事なプレゼントをしてきたと思います。

たくさんの人に支えられてきました。その人たち一人ひとりに、その人に合った何かをプレゼントしてきたように思います。ささやかなプレゼントをすることも、人生を変えるようなプレゼントをすることもあったように思います。

この友人の彼とはいまも、ときどき電話で話したりします。本が出ると送ってきてくれます。明治大学名誉教授の菊池良生《よしお》という人です。専攻はドイツ・オーストリア文化史。著書は『ハプスブルク家の人々』ほか多数。つい最近も、『ドイツ誕生』（講談社現代新書）という本を出しました。彼の本には、たくさんのファンがついています。

彼も僕も「ちょうどいいわがまま」を生きている。僕はそう感じながら、いまこの原稿を書いています。2023年2月下旬。朝起きて、太陽が上がったので朝食を簡単にすますと、すぐにスキーの準備をして出発です。このとき74歳、あと何年滑れるかなと考えます。滑れなくなったら、もういつ死がきてもいいやと思っています。そのくらい〝スキーいのち〟なのです。3月中旬になると雪質が悪く、心がウキウキするような時間ではなくなります。素敵な時間はあと2週間ちょっと。

自分の気持ちに正直にわがままに生きようと思っている僕は、すべてのなかでスキーが優先されます。スキー場に行くと同年配の同じ思いをしているおじさんやおばさんたちがゾロゾロ。スキーシーズン途中になってもなかなか会えないおじさんがいると、病気をしたのかな、生きているかなと心配をしています。ゲレンデでそのおじさんを見かけるとうれしくなります。お互いまだまだ元気だなと思うのです。声もかけ合います。

近くの原村に、スキー軍団のおじさんたちがいます。まったく自己流といいながら、とてもうまい。

仲良くなったおじさんは、雪のないシーズンは専業農家。野菜や米をつくっています。ミルキークイーンというブランド米をつくっていて、とてもおいしい。2合炊くときは、ふだん食べている米と半々にすると、ふんわり甘みがしっかり、なかなかのものなのです。おじさんが「先生、米持ってけ」と言ってくれ、僕も車のなかに新刊書を入れておき、サインをして、出会ったときに手渡します。ゲレンデで出会うだけです。お互いの心のプレゼントをこんな形で交換し合います。

たぶん同じくらいの年代。原村の猛スピードで滑る3人のおじさんたちと、あと何年ゲレンデで出会うことができるかと考えながら、先のことはわからない。だからとにかく今シーズン、あと2週間ちょっと、朝1番のゴンドラに乗って3キロの急斜面をノンストップで滑る。風を切っているうちに、自分がまるで風になったような感じがする。この一瞬が大好き……。

「どんなプレゼントをしようか」と考えるのは、相手を理解しようとすることです。相手の気持ちを察するということは、人間を見る目を養います。そんな気持ちが僕自身を成長させてくれたと考えています。

心地よさをつくる「やわらかレッスン」

＊「わがままなプレゼント」を忘れるな。
＊心のプレゼント交換が、人間関係の基本。
＊米と本なんていう物々交換もあり。

「相手の自由」を受け止める練習

「人まかせにしない生き方」にこだわってきました。「自由でありたい」ことが最優先だからです。自己決定や自分で選択することにこだわっています。僕自身は、人を頼りにしたり寄りかかったりするのも上手だと自己分析をしていますが、人頼みをする前に、ほんの少しだけ自分でもやれるところをやるように心がけています。

プーチンがウクライナに侵攻したとき、すぐに自分が関係しているＮＰＯに６００万円を寄付し、ウクライナの子ども支援を開始しました。シリア・トルコで大地震が起きるとすぐに２００万円を寄付し、地震に遭って支援がほとんど入っていないシリアのアレッポに、現地から必要とされた抗生物質や解熱剤など１００種類を超える薬をすぐに送りました。

支援はスタートが大事なのです。有効な支援が行われていると、次々に応援が入ってくるのです。国境なき医師団や日本赤十字社などにはたくさんの寄付が集まります。でも自分の寄付したお金がどんなふうに使われているかは、なかなか見えてきません。しかし「カマタさんたちの小さなNPOなら使途がよく見える」と言って、歌手の加藤登紀子さんや、X JAPANとTHE LAST ROCKSTARSのギタリスト・ヴァイオリニストのSUGIZOさんなどが支援をしてくれています。

それと並行して、募金活動も開始しました。僕たち日本チェルノブイリ連帯基金（JCF）は、ウクライナ国内外に避難している母子への支援活動をしてきましたが、そこに1年で約1億円集まり、外国へ避難した子どもたちに運動靴を買ったり、冬にはスケート靴を買ったり、クリスマスには映画館へ映画を観に行けるようにチケットをプレゼントしました。インターネットを利用して、子どもを支えるお母さんたちに必要なものを聞きながら支援をすることで、たくさんの人が支援の仕方を評価してくれました。集まった1億円は、そんな温かい気持ちの結晶です。

そして、そのお礼に送られてきた子どもたちの絵を集め、全国で絵画展を開いています。ロシアによる軍事侵攻で避難を余儀なくされたウクライナの子どもたちが描いてくれた絵です。ウクライナを象徴するコウノトリが巣のなかから見下ろす町を描いてくれた子もいます。小さく描かれた家々と白く浮かぶ雲、野の花。平和な時代のふるさとに、コウノトリになって飛んでいきたいのでしょうか。

僕たちはウクライナの子どもたちと同じ体験をすることはできません。けれど、絵の前に立ち止まり、どんな思いで描いたのか、子どもたちの身になって想像する。それが平和を築いていくうえで大切なのだと実感しました。

進化論で有名なダーウィンは、同情的な個体の多いコミュニティは最も繁栄し、多くの子孫を残すといっています。自分のためだけに生きる利己的な集団は滅亡し、互いに助け合う利他的な集団のほうが生き残りやすいというのです。他者と協力し合っていくことが、自分の命を守る大きな役割を果たすのです。「自分の健康は、自分だけではつくれない」ということです。

他者と協力することの大切さは多くの人が体験的に知っていますが、医学的にも少しずつ実証されてきました。英国エクセター大学の研究によると、思いやりや無償で人のために何かすることは、病気を予防し、寿命を延長し、ストレスを軽減し、心と体の健康状態を改善する効果があることがわかりました。

　また、年間200時間以上ボランティア活動をした高齢者は、高血圧のリスクが40%低下するという論文も、米国カーネギーメロン大学の研究チームにより発表されています。人に親しみを感じ、思いやりを持つときに分泌されるオキシトシンには、血管を広げる作用があります。相手の幸せを考える利他的な行動をとると、オキシトシンが分泌され、それが高血圧や動脈硬化を予防するのです。

　戦争や災害、感染症の蔓延、貧困、格差……そんな時代だからこそ、相手の身になって考える練習が必要です。協力し合って生きる方法をもう一度確認したいものです。

心地よさをつくる「やわらかレッスン」

＊「私流の応援」という「小さなわがまま」が、回り回って〃素敵な奇跡〃を起こす。自分流にこだわり、自分でも汗をかくことを忘れるな。

子どもはいてもいいけど、いなくてもいい

世の中には「子どもがほしい」と願いながら、それに恵まれない人たちも大勢います。日本では「夫婦に子どもがいるのが当たり前」という意識が強い国で、「お子さんは？」と聞かれるのが普通です。子どもに恵まれず、「たまらなくつらい気持ちになる」と打ち明けてくれた女性もいます。

「子どもを産まない家族は生産性がない」と発言した国会議員もいたし、都議会で出産・子育て問題解決の整備を提案した女性議員に対し「自分が産んでからにしろ」と時代遅れのヤジが飛んだりしました。そんな風潮のせいだけではありませんが、何としても子どもがほしいと、なかには不妊治療に励む夫婦もいます。でも多額の費用や手間の問題もあるうえ、必ずしも望んだ結果が出るとは限りません。

僕の知り合いの40代の女性は3年前に結婚し、最先端の不妊治療をしましたが授からず、夫婦二人で生きていこうと決断しました。でも、ご主人の両親が「孫はまだか」と電話や手紙で催促し、家まで訪問してきたりするそうなのです。

ご主人もかなり強い口調で説得を試みるそうなのですが、義父母の態度は変わらず、「孫を抱きたい」「お墓を守っていってほしい」などと言うそうで、「嫌悪感が強くなっていくばかりで困っています」と僕に打ち明けてくれました。

「親の心子知らず」という言葉がありますが、この場合は「子の心親知らず」ですね。不妊治療までして子どもができない。そのうえに義父母から「孫を早く」とせっつかれるのでは、心がくじけそうになります。

彼女の義父母がそれほどまで孫にこだわる理由は、「人並み」というこだわりです。「夫婦は子どもがいて人並み」「私たちも人並みに孫を抱いてみたい」という「人並み」です。それは自分たちの利益や自己愛の表現であり、強制力になっている言葉です。言葉を発する側は「善意」のつもりなのですが、ある意味で、この「善意」が場合によっては心理的な暴力になることもあるのです。

でも「人並み」や「世間並み」という言葉に込められた義父母の「善意」に憎しみを向けても、結局、うまくコミュニケーションができないので、自分自身が疲れてしまうだけです。そこで、できる限りの努力をして、それでもうまくいかなければと、僕は思い切って発想の転換をおすすめしました。

親にとって、子育ては大きな楽しみであることは事実ですが、半面、子育てにはお金がかかります。また一日中子どものお守りで、「いい加減、自由になりたい」と思っている母親だっているでしょう。僕自身も、子育て期間の大半は病院勤務に明け暮れていて、奥さんの「ワンオペ」に甘えてばかりでした。いまはできるだけ、その借りを返したいと思ってやっています。

第一、かつての日本人が描いていたような、子どもがすくすくと育ち、将来は親の面倒を見てくれるなんて幻想は、まったく絵に描いた餅です。そうでない家庭はごまんとあります。子どもが生まれたからといって手放しでよろこぶわけにはいかないというのが、いまの日本の現状です。

赤ちゃんだった子どもだって、年頃になれば恋人のほうが大事になります。所帯を持てば親のことは二の次になるのです。いくら可愛がって育てたとしても、子どもはいつか親から離れていくものなのです。

つまり、自分たちで「子どものいない未来」を描き、その準備をしていくことです。一方、この彼女の義父母のように「世間並み」に強いこだわりを持つ人を説得していくのは大変ですが、どこかであきらめてもらうしかありません。

「子どもができないのですから、思い切って夫婦二人で充実した人生を送ります」と宣言してしまいましょう。そんなふうに発想を切り替えて、楽しく過ごすよう心がけるのです。その姿を見れば、義父母もやがて「二人が幸福ならいいわ」と、態度が和らいでいくはずです。自分たち夫婦流の「わがまま宣言」をしてしまえばいいのです。二人にとっても生き方がすっきりしてきます。いいことづくめです。

それでもどうしても子どもがほしいという場合は、養子を迎えるのもひとつの選択肢。これなら義父母もよろこぶはずです。でも「血が繋がっていないと本当の家族じゃない」という意見が出てくるかもしれません。しかしそれは大間違い。僕は1歳8か月のときに、鎌田の家に養子に迎えられました。僕を引き取ってくれた、鎌田岩次《いわじ》郎《ろう》がつくった墓に入ることが、僕ができる最大の親孝行だと思っています。そして僕の子どもや孫がたまに思い出して墓参りをしてくれる。それで十分だと思っています。

そもそも夫婦に血のつながりはないのです。毎日一緒に暮らして味わう喜怒哀楽の積み重ねが、家族の絆を形づくっていくのだと、僕は思います。愛情深く育てれば、実の子以上に愛情を返してくれるかもしれません。

養子までは、とためらうようなら、子どものいる場所、たとえば幼稚園や託児所、最近なら子ども食堂などのお手伝いはいかがでしょう。そこで子どものお世話をすれば、自分の幸福の糧になりますし、また日本社会の明日に貢献できるはずです。

心地よさをつくる「やわらかレッスン」

＊命の連鎖は確かに大事です。でも「子どもがいない人生」だってある。
＊「わがまま宣言」で、周りの空気を変えてしまえ！

「ジェネラティビティ」で人生の停滞感を打破しよう

発達心理学者のエリク・エリクソンは、「ライフサイクル・モデル」という考え方を提唱しました。そのなかで彼は、中年期の特徴を「ネガティブな停滞」と「ポジティブなジェネラティビティ」のせめぎ合いだと述べています。

「ジェネラティビティ」とは、「次世代の価値を生み出す行為に積極的にかかわっていくこと」という意味。「次に来る人」を大事にすることです。

自分の一生は終わりに近づいているけれど、次に来る世代のために希望を託すことで、個人が抱える停滞感を打破することができる。若者や子どもたちを大事にしないと、いずれこの国は働く人が少なくなり、生産性がさらに低下してしまう。人口が減少すれば消費の力も弱くなり、お金は回らなくなります。自分たちの世代が生き延びていくためにも、次の世代が生き生きとしていることが大切なのです。

二十数年前、「介護保険」制度ができました。同じような形の「子ども保険」があってもいい。子どもを安心して産めるように、出産費用をみんなで負担し、成績の良い子どもには大学に行くまで、社会で背負うような保険ができたら、この国の未来は明るくなります。自分とは違う世代にも心を配る、温かで優しい国になっていきます。

ちょうどいいわがままで生きるためには、自分たちの世代だけが得になることだけを考えないことです。もちろん、自分たちの世代が得になることは大事。それを政治に要求しながら、同時に、違う世代の人たちのことを考える。そういう「ジェネラティビティ」が、中高年が陥りやすい人生の停滞感を打破する、大きな武器になります。

心地よさをつくる「やわらかレッスン」

＊自分と違う世代のことを考えよう。「世代を超えるわがまま」がこの国の力になる。中年期の停滞を止められるよ。

子どもは国の宝。地域で子どもを育てる

「子育ては苦労半分、楽しみ半分」というのが僕の実感です。でも、孫は責任がない分だけ気楽。4人の孫がいますが、みんなが集まったときは心がウキウキします。まったく責任がないとは思っていません。大切なときには、ほんのちょっと軌道修正のアドバイスをしたりしますが、余計なおせっかいにならないようにしたいと思っています。孫自身が自分の人生を選択し、決定していくのが一番だと思っています。

産んでもいいと思っている人たちが産めるようにサポートしてあげることが大事だと思い、2022年に子ども・子育て市民委員会を共同代表として立ち上げました。政治家を呼んだり、労働組合の幹部を呼んだり、経営者を呼んだりしながら、シンポジウムを行い、意識改革をした2022年暮れから、政府は急に次元の違う少子化対

策と言い出しました。経済界も少しずつ理解を深めています。人口減少は自分たちがつくった製品を買ってくれる消費の力を弱め、GDPを下げてしまいます。いずれ企業は働く人を集めにくくなってしまい、この国は一気に弱い国になっていきます。2022年の特殊出生率は1・26になり、危険水域に入ってきています。2022年に生まれた赤ちゃんの数（出生数）は前年比5・1％減の80万人弱。1899年の統計開始以来初めて80万人を下回ったのです。政府機関の推計より10年ほど速いペースで少子化が進んでいます。

でも、ほんのちょっと努力をすれば、人口増加に転換させられます。人口約6000人の岡山県奈義町《なぎちょう》では、合計特殊出生率を2・95まで回復させました。高校生までの医療費を無料化、高校生の就学支援に年13万5000円。中学3年生までのひとり親支援、年5万4000円。在宅育児支援、月1万5000円。奨学金半額返済免除。小中学校の教育教材費無償化。一時預かりの子育てサポート。保護者当番制の自主保育などをつくり、母親自身もほかの子どもの面倒を見るという新しい環境づくりをしながら、子育てを地域でし始めました。

これならば、安心して子どもを産み、大学まで進ませてあげられる。もう一人産んでもいいなと思えるようになり、子どもが３人、４人という家庭も増えてきました。

そこで僕は、子ども・子育て市民委員会の代表として、児童手当などのお金を配るだけでは問題が解決しないことを、シンポジウムを通じて政府に訴え続けていこうと思っています。

２０００年に介護保険ができたときも、僕はオピニオンリーダーの一人になりました。１９９０年代、超高齢化社会を迎えるために、介護保険が必要かどうかの議論が始まった頃からです。これがなかったら、高齢者は自分が病気をしたときに、とんでもなく安心できない状況に陥っていたと思います。いま子育てとは関係ない中高年の人にとっても、人口減少が起きることによって国民皆保険制度や介護保険制度、年金制度を維持できなくなるという現実を忘れないようにしたいものです。

自分の世代のことだけを考えずに、国全体の勢いを保つためにどうしたらいいかを常に考えることが「ちょうどいいわがまま」です。反対に「どうしようもないわがまま」は、自分たちにとって得な政策だけを要求するのです。その結果、国はどんどん弱くなり、頼みの綱と思っていた年金制度も崩壊して、結局は自分たちも生きづらくなってしまうのです。

だから、自分たちの世代を大事に考えてほしいと望むなら、他の世代のことも考えることが、ちょうどいいわがままにつながるのです。もちろん、自分たちの世代がどう安心して暮らしていくかを考えることは大事なのですが、もう少し視野を広げて、自分が立っている地盤が崩れ去らないようにするためには、若い世代や子ども世代のことを考えること。それがちょうどいいわがままにつながると信じて、子ども子育て市民委員会の活動をしています。

自分と違う世代の人たちのことを考えていくことが、大事だと思っています。

心地よさをつくる「やわらかレッスン」

＊急激な人口減少で世代間の分断が起きないように、「ちょうどいいわがまま」を忘れないようにしなければならないのです。

息子へ。〝自分流〟で生きてもらいたい

妻が変な手紙を見つけてきました。息子が中学を卒業するときに、僕が息子宛に書いた手紙です。

楽しい充実した中学生活を送りましたか。君はいつもニコニコしていて、余裕を感じさせます。テニスの大会で追い込まれたときも、試験の前の日でも、いつも君は大きなゆとりを感じさせました。

中学3年の夏の県大会ダブルスで優勝したとき、1年下のパートナーを引っ張って番狂わせで勝ち続けましたね。そんな君に人間の大きさを感じます。これからもコセコセせず、大きな人間になってください。

いままで通り、周りの仲間を大切に、そして弱い人や困っている人がいれば、親切にしてあげてください。悪いことにはレジスタンスできる強い人間になってください。

いつの間にか、スキーもテニスも身長も負けてしまいました。君には何か不思議な魅力があって、周りの人をふわっとハッピーにさせる力があります。人を引きつける力でも追い越されそうです。

君ももっと魅力的な人間になるために、余裕だけではなく、夢中になって、ときどきでいいので、自らを追い込んで全力投球のときを過ごせるようになるといいですね。

いろいろなことに興味を持って情熱を傾けられる人間になってください。感動する心と大きな夢をいつまでも持っていてください。

父より

僕は拾って育ててくれた父を反面教師にしました。父は自分にも厳しく、人にも厳しい人でした。僕は父からほめられたことがありません。父には父の生き方があったと評価しながらも、僕は周りにいる人のいい面を見て、いつも評価をするようにしてきました。

自分がやりたいことをやりたいという気持ちが強いので、同じように、人もやりたいことがあるはず。そのやりたいことを認めてあげることが大事。常にそう思って、家庭のなかでも病院づくりをするときも、そういう思いを大切にしてきました。

子どもを育てるときも、子どもは子どもで好きなように生きればいいと思い、「うん、それでいいんだ」と評価して、背中を押してあげることが大事……そう考えて、おそらくこの手紙を書いたのだと思います。

中学を卒業する頃には、一人前の人間としてつきあいたかったのです。僕自身は子離れをする、彼自身は親離れをする、そんなきっかけになれば、彼が自分流に生きていくと考えました。

いまでもとても仲がいいです。彼は松本に住んでいて、子どもが二人。ときどき家族みんなで食事をしますが、常にほどほどの距離を自然に保っています。

「みんな自分流に」です。自分の人生は自分のもの。そう心に決めて自分流に生きることです。ただ、自分流に生きてもらうためには、周りの人間もそれぞれ自分流に生きていることを忘れないことが大事。それぞれがこのことを理解することが、「ちょうどいいわがまま」的生き方につながるのだと思います。

心地よさをつくる「やわらかレッスン」

＊自分の人生は自分流に生きればいい。でも少しだけ、他人もその人流の生き方をしているんだということを自覚し、寛容であることが大事。

＊家族だからこそ違った生き方をしてもわかり合えるはず。

＊違うことを恐れなくていい。

「親友がいない」なんて悩むのは無駄なこと

「人の悩みは十人十色」といいますが、ある人が「仲のいい人はたくさんいるけれど、心底、悩みを打ち明けられる人がいない」と僕にこぼしたことがあります。

とても社交的な人で、いろいろな集まりや習いごとに参加しています。「でもどれも、その場限りで長続きしない」というのです。生き生きと前向きな彼女の姿を見ているだけに、とても意外な気がしました。

でも、それはとても贅沢な悩みなのではないかと僕は思います。誰でも、自分が一番大事なもの。彼女は、それを投げ打ってまで〝自分のことを見ていてほしい〟と願っているのではないでしょうか。もしかしたら「ジコチュー」なのかもしれません。

自分をいつも眺めていて応援してくれ、弱ったときには慰めてくれて、悩み事の相談に乗ってくれる。愚痴や泣き言も気持ちよく聞いてくれて、欠点をさらけ出しても、全部受け入れてくれる……。でも、そんな「ほとけさま」のような方は、めったに存在しない。むしろ、無意識にそれを求めるから、相手もウザッたがって逃げていくのではないでしょうか。

そもそも彼女には、何人もの友人がいます。「それだけで十分」と、僕はアドバイスしました。自分が求める「心からの友」なんて、生涯に一人か二人出現すればとってもラッキーなことなのです。

超高齢化社会を迎え、孤独死を恐れる人が増えています。確かに、誰にも看取られずに死んでいくのはつらい。でも、世の中に溢れている「絆」という言葉ほど、現実は甘くありません。多くの人が自分を守るので精一杯。自分は年金生活でギリギリなのに、人の世話まで手が回らない。愚痴を聞かされ頼られても、それにこたえられるだけの余力がないのです。「絆」が大事なことは理解しているけれど、自分がその核になる自信が持てないのです。

そこで提案です。自分から他人に寄りかかろうとばかりせずに、少しでも他人に寄りかからせてあげたらいかがでしょう。

具体的には、ちょっとした寄りかかりボランティアをしてみることです。大それたことでなく、自分にできる範囲で十分。

たとえば僕が勤務していた諏訪中央病院には、患者さんを車椅子で病棟に案内する人たちがいます。彼らだって、決して無償の博愛精神だけでやっているのではなく、同じような弱さや痛み、苦しみ、悲しみを抱えながら生きています。それを分かち合おうとするからこそ、ボランティアに力を注ぐのだと思います。

僕の知り合いは、子どもたちを相手に絵本の読み聞かせをやっています。目の見えない人たちのために、本を点字に翻訳するお手伝いをしている人もいます。子ども食堂で料理をつくるのだっていい。こちらが一方的に寄りかかろうとしないで、少しは寄りかからせてあげるようにすれば、そのうちに「心の友」になる人が出てくるかもしれませんよ。

中学生のときに仲のよかった親友が3人います。みんな男。この3人から何か頼まれたら、なんでも受けてやろうと思っています。寄りかかってきたら、いつでもよろこんで寄りかからせてあげたいと思うのです。でもこういう人たちって、ちゃんと自立していて、寄りかかってこないんですよね。でも、寄りかかっていいよと心のなかで思っている人がいることが、心を落ち着かせてくれるのです。心が孤立していないと思えると、べたべたした関係なんて必要がなくなるからです。

心地よさをつくる「やわらかレッスン」

＊困ったときに寄りかからせてくれる友達がいれば最高。それよりも寄りかからせてあげる人間がそばにいてくれると、人生はステキになる。

腐った空気が漂う友達関係

子ども時代に「いじめ」を受けた経験を持つ人は、想像以上に多いようです。Aさんもそんな一人でした。彼女は、どことなく他人に対して遠慮するクセがあるので、「人間関係が苦手ですか?」と思い切って聞いてみたのです。

すると、中学生時代に仲間はずれにされ、靴を隠されたり、水を入れられたり。つらい目に遭ったというのです。「スクールカースト」という言葉がありますが、その最下層。親しげに話してくれる人は誰もいなかったというのです。

つらかったでしょう。年齢を重ねるにつれて、そういう環境から脱することはできたのですが、その経験からか他人に対して臆病で、すぐに萎縮してしまうといいます。

大人の人間関係、とりわけママ友とのつきあいは「つかず離れず」が基本です。萎縮して一切おつきあいを絶ってしまうと、それはそれで軋轢を生むでしょう。だから、ほどほどにつきあうようにする。外でみんなでお茶を飲むのには参加しても、誰かのお宅でのお茶会やミニパーティには、毎回は参加しないなどの「枠」を決めておく。

参加する回数が少ないと、悪口を言われるかもしれません。でも、それでもいいではないですか。人間は噂話が好きな生き物です。グループができると、悪口やいじめが生まれるのは、何もママ友に限りません。男社会だって、会社の飲み会で上司や部下の悪口を言ってストレスを解消する姿は、どこでも見かけます。ママ友のグループだって、全員が仲良しだなんて期待しないほうが賢明です。

大人になったらたとえ悪口を言われていたとしても、自分に直接的な害が及ばない限り、「どこ吹く風」と受け流せるはずです。むしろ、理性を持ってそれを冷静に観察していくことが大事です。多少、腹がたっても感情的にならず、相手の生活環境、能力、器量の大きさを冷静に眺めていけば「だから他人の悪口を言いたがるのね」と理解できるはずです。そういう人は、心の奥底に劣等感を抱えていて、他人の悪口を言うことで、自分の立場を目立たせたいと思っているだけなのです。

大事なのは、相手と同じ土俵に上がってはいけないということです。自分も一緒になって悪口を言ってはいけません。噂話に同調してもいけません。何も言わずに静かに噂話を聞いていればよいのです。腐った空気には染まらないというわがまま精神は忘れないようにしましょう。

そして何かの折に、「実はお母さんは昔、こんなひどい目に遭ったのよ」と教えてあげてください。子どもはどんなことがいじめになるのか、よく理解しないまま、他人に対応していることがあるので、「こんなことをしてはいけない」と基準をはっきり教えてあげてください。それは我が子がいじめる側に回ることを防ぐだけでなく、いじめのある空間をつくらないことにもつながります。

心地よさをつくる「やわらかレッスン」

*悪口大会には参加しないという「わがままな生き方」はかっこいい。

*くだらない人間関係にはつかず離れずが大事。

つらい状況で夢は持てなくても、目標はいつでも持てる

ある雑誌で、子育て相談室というのを連載している青少年カウンセラーの女性と対談しました。その雑誌で僕も何年か連載をしてきました。悩みながら子どもを育てている若いお父さんやお母さんの立場に立って、見事なカウンセリングをしているので興味を持ち、対談のために北九州に出向くことにしました。

彼女は、３年前に乳がんの手術を受け、その後頚椎や肝臓、肺に転移したそうです。僕は乳がんと大腸がんはかなり進行したがんでも、そこからがんが治ったり、そこから2、3年いい時間を過ごすことができると説明しましたが、彼女は自分の仕事を休まずに続ける選択をしました。また、彼女が面倒を見た非行少女だった子が素敵なお母さんとなって子どもを連れてきて「先生、この子は私の子やけん、何をするかわか

らん。だからこの子が高校卒業するまでは生きておいてよ」と言ったそうです。

そんな言葉を聞けたり、子どもに会えたりするのがうれしい。だから難しい選択だったけれど、ベッドに寝たきりという生活ではなく、普通の生活を選んだというのです。そうすると、自分ががんになったことで何かを発信しなければならないと思うようになったそうです。

「あらためて考えると、人間は必ず死ぬのに生きる意味とは何なんでしょうね？」という逆質問がきました。それに対して僕はこんなふうに言いました。

「人間はゼロから生まれてきて、ゼロで死んでいきますが、その間が大事。僕は3つあると思っている。ゼロとゼロの間には、小さな感動がある。こんな景色を見ることができる、美味しいものが食べられてよかった、温泉が気持ちよくて生きていてよかった、人にこんなに親切にしてもらえてうれしい。生きるということは心が感じて動くこと。この些細な「感じて動く」ことに生きる意味があるのです。2つめは、夢を持てなくても目標は持てる。夢や希望なんて大それたことは考えなくていい。その目標を達成したとき、自分がうれしいのです。昔行ったところへ行きたい、という小さな目標でもいい。小さな目標は、ほんの少し、パワーを入れれば達成できるのです。

3つめは、ゼロとゼロの間で人の役に立つかどうか。これは自分が存在した意味につながります。この3つはどれもそんなに難しいことではありません」と答えました。

彼女は最後にこう言いました。「私の頭はどうなっているんでしょうね。若い頃から記憶するのは好きなんですが、つらいことや悲しいことは忘れてしまう。ずいぶん勝手な脳なんです」

僕は心のなかでパチパチと手を叩きました。これでいいのです。嫌なことは忘れて、やりたいことをやって、自分流に生きればいいのです。

彼女から大切なことを教わりました。

心地よさをつくる「やわらかレッスン」

＊嫌なことは忘れて、やりたいことをやればいいだけ。

＊「感じて動く」とちょうどいいわがままを生きられる。

第二思春期の乗り越え方

婦人服と紳士服の製造販売ブランド「DoCLASSE（ドゥクラッセ）」が、「日本人の約8割が迎える」と言われる「中年危機（ミッドライフ・クライシス）」について、全国の30～50代の女性計1000名を対象に調査を実施し、僕が分析を頼まれました。

僕も40代のときに病院経営のストレスから精神が不安定になったことがあります。全身が気だるく、絶えず冷や汗が出てくるのです。発作性頻拍《ひんぱく》症を予防する薬を飲んだり、睡眠薬が必要になって、苦しい数年間を過ごしました。その経験をもとに、医師として患者さんのミッドライフ・クライシスに向き合ってきました。

これは「第二思春期」という言い方もあります。これに陥った可能性のある人はこの調査では約6割で、最も多かったのは30代でした。40～50代が中心と思っていたのですが、30代の女性たちにはかなりの壁があることがわかりました。プライベートでも仕事でも「もやもやとした悩み」を抱えている様子です。おそらく人生の中盤に差し掛かり、仕事もプライベートもある程度の経験を積み、もう一度、自分自身を振り返る時期を迎えて、これまでの自分とこれからの自分の狭間で悩み、不安や葛藤を抱え、不安定になってくるのでしょう。

そして「人生の満足点」をつけてもらったところ、平均は約56・7点。平均点が低いのは「35～39歳」で51・8点という結果でした。半数近くが満足度が低いのです。驚くべき低い数字です。一般に、人は20～30代のときに仕事・私生活ともに無我夢中に取り組みますが、40代を目の前にして、これまでの人生に葛藤を覚えるようになるのです。将来の人生設計に不安を覚え、うつ的な不安定な精神状態にはまり込んでしまったりするようです。特に女性の場合、30代後半はたとえば役職についていたら仕事の責任が重くなったり、それなのに昇進などで性差別を感じたり、家庭・子育てとの両立に悩んだりして大きなストレスがかかる時期です。未婚の場合は、結婚についても大きな悩みを抱える時期でしょう。

悩みの一番は「運動をあまりしない」ですが、続いて「人付き合いがあまり得意でない、家族以外の人と会う機会が少ない」が多かったのです。「前向きになれない自分」を感じているのだと思います。では、どんな形でリフレッシュをしているのかの回答では、1位が「好きな物を食べる」。とてもいい方法ですが、中年期の生活習慣病のもとをつくらないよう気をつけたいところ。また音楽を聴いたり、体を動かすという方もいます。とてもいい解決方法です。買い物という答えも多く、これも女性にとってはよい気分転換となることでしょう。

また、30代くらいなら、職場を変えるという手もあります。僕も実際に30代の看護師さんと食事をしました。循環器グループの責任者で諏訪中央病院の副院長をしているドクターから、看護師さんと食事をしてくれないかと頼まれました。

このグループは、心臓カテーテル検査や冠動脈の拡張術、不整脈のカテーテルによるアブレーション治療などを積極的に行っています。僕自身も、心房細動が頻発した時期、このチームにアブレーションで助けてもらいました。6年間カテーテル室で働いたこの看護師さんのおかげで、カテーテル室が飛躍的に進歩したというのです。

でも彼女は故郷の病院に帰ることになり、よく聞くと「諏訪中央病院に来た理由は、僕の本を読んで、できたら緩和ケア病棟で働いてみたいと思ったから」だというのです。初めて聞きました。彼女へお礼の意味を込めて、鎌田先生と一緒に夕食を食べてもらえないか頼んでみようと思ったそうです。その話を聞いて、循環器グループチーム全員を呼んで、食事をしようということになりました。

彼女は、十数年前、故郷で僕の講演会を2度ほど聞いたことがあるそうです。「まったく知らない信州の地に来て、楽しかった。看護師としてのやりがいも感じた。人生にとって大切な6年間になりました。わがままな選択をしてよかった」と言ってくれました。働く場や住む場を変えてみるというのもひとつの解決策です。

心地よさをつくる「やわらかレッスン」

＊「わがままな選択」は中年の危機を乗り越えさせてくれる。

＊上手な気分転換が、今日の元気と明日の希望をつくる。

夢や目標が見つからない。どうしたらいい？

この調査では、「夢や目標がありますか？」についても聞いています。すると「ない」と答えた人が少なくなかったのです。年代別ではもっとも多いのが45～49歳の58・0％、ついで35～39歳の54・0％です。

ではなぜ、夢や目標が持てないのか？　理由は「自分に自信がない」がもっとも多く、続いて「夢よりも安定を望んでいるから」という答え。「自分より子どもの将来を重視しているから」「忙しくて夢を考える時間がないから」という声がそれに続きます。じつは僕がショックなのは「夢はかなわないものだと思っているから」という声が12・3％もあったことです。ちょっと残念です。

最も多かった45歳から49歳という年代層は、そろそろ自分の人生の頂上が見えてくる時期。どんなにがんばっても、「こんなものか」と、あきらめの境地に入ってしまうのかもしれません。現代は社会全体が安定志向に入っている時代です。無理もないと僕は感じました。35〜39歳は現実に対処するのに精一杯だからでしょう。

しかしその半面、「夢や目標がない」と答えた方のなかにも「新しい自分を見つけたい」「新しいことに挑戦したい」と思っている人が約6割いることに、僕は少し希望を持ちました。アラフィフに差し掛かる不安を抱えながら、ここをうまく通り越すと、おもしろい人生が待っているはず。「可能性を秘めた世代」ともいえるのです。

そこで僕は、心だけでなく「体」のメンテナンスも大事なんだよ、と訴えたいのです。この調査では多くが「体形の変化」を気にしながら、約半数の人があまり運動していません。体力の低下を感じる人が多く、25％の人がなんらかの病気を抱えていることが気になります。この時期は、体の不調が起き始めてきます。ジムに通ったりヨガに挑戦したり、少しの時間をみつけて、「スクワット」や、ゆっくり上げたかかとを勢いよく床に落として、かかとに大きな刺激を与える「かかと落とし」などの運動をすることです。興味がある方は僕の一連の著書を参考にしてもらいたいものです。

また、そろそろ「自分探し」をやめて、「新しい自分」をつくり上げていくことが大事です。とくに50歳を超す頃、女性は、「空《から》の巣《す》症候群」という形で、生きがいを喪失してしまう例が多いのです。そうならないためにも、「新しい自分」を見つける努力をすること。「自分はこうだ」と決めつけないことです。コロナ禍が終わったとき、モデルチェンジをした自分が、颯爽《さっそう》と会社や街に出ていくと、とてもいいと思います。新しい系統の服を着てみたり、お化粧の仕方を変えたり、内と外から同時にモデルチェンジをすることをおすすめします。

人間は複雑な生き物。自分自身もその複雑さに気がついていないことが多い。僕は自分自身に怪人二十面相の生き方がいいと言い聞かせています。20もの顔を持っていていい。あったかくて優しいカマタ。思いつきがばんばん出てきて、それを実行してしまうカマタ。運動が大好きでじっとしていられない多動傾向のあるカマタ。ついつい人には言えない恥ずかしいことをしてしまうカマタ……。こんなふうに一度、みなさんも考えてみたらどうでしょう。どんな人でも2つくらいの顔は持っているはず。自分のなかに眠っている自分をもう一回掘り出してみるといいのです。そこで新しい自分を見つけることができます。空の巣症候群に陥って、何をしていいかわからない人はその空の巣に、新しい自分自身の卵を置いて、自分自身で温め、ふ化させ、新しい自分を生み出すという考えを持ってみてはいかがでしょう。

「幸福」についてはおもしろい論文があります。経済産業研究所が20〜69歳の2万人を調査したところ、「健康である」ことや「よい人間関係」も幸福度を決める要素として大事なのですが、所得や学歴よりも、「自己決定をしている」ということのほうが幸福につながっているというのです。

自分で決めたことなら、たとえ失敗しても学ぶことができます。もちろん、成功したときのよろこびは倍増します。自分の人生が変わっていったりするのです。

心地よさをつくる「やわらかレッスン」

＊「自分で決める」姿勢が幸福度を上げていく。

＊自分で決める生き方こそ、ちょうどいいわがままの原点なのだ。

「さとり世代」の〝ちょうどいいわがまま〟に学ぼう

繰り返すようですが、第二思春期の壁を越えていくためには、自分流の楽しみ方を探し、枠を超えて、人生の楽しみにつながるようなものに出会えることが大事だと思います。

1989年から2002年にかけて教育改革が行われ、ゆとり教育が行われました。この年代に生まれ育った子どもたちは、「ゆとり世代」と言われています。その後、ゆとり教育は学力の低下を招いているという批判が起こり、ゆとり教育はなくなっていきました。いまでも批判的にいう人が多いですが、僕は詰め込み教育が中心になるよりも、思考力を高め、生きる力や豊かな人間性を目指すゆとり教育のなかにいい面がたくさんあったと思います。

その教育で育った人たちのなかに「さとり世代」という層がいます。ゆとり世代の後半に出現した世代で、１９８７年から２００４年に生まれ、２０２３年に19〜36歳を迎える年齢です。

総じて物欲や出世欲が少なく、安定性を重視する傾向があるそうです。その様子が「さとりを開いている」ように見えることから、さとり世代と呼ばれています。さとり世代はおもしろいと僕は思っています。彼らがちょうどいいわがまま的な生き方をできれば、この世代の中から突出した人が出てくるはずです。

この世代は飲み会に誘われても、行きたくない飲み会は毅然と断っている。やりづらい世代だとおっさんたちには思われているようですが、仕事が終わった後まで会社に管理されるのはノーサンキューと言えるのはちょうどいいわがままのスタートです。それを上手に自分の周りに理解させていくパワーを持ち出すといいと思います。

ちなみにこのなかに、１９８１〜１９９６年に生まれた「Ｙ（ミレニアル）世代」（ミレニアム〈新千年紀〉が到来した２０００年代になってから成人した世代で、２０２３年には27〜42歳を迎えます）がいますが、このすぐ後の「Ｚ世代」は

１９９７年～２０１２年生まれ。英語の「Generation Z」をそのまま和訳したネーミングで浸透しています。

さとり世代はインターネット黎明期に生まれた世代ですが、Ｚ世代は生まれたときからインターネットが普及していた「真のデジタルネイティブ」で、情報収集やコミュニケーションはもちろん、ショッピング・読書・ゲームなど、さまざまなことをスマートフォンで完結させることから「スマホネイティブ」とも呼ばれています。

前世代から個人主義的な側面を引き継いでいますが、前の世代に比べて、社会の多様性に対する意識がより強く、社会課題に対して強い関心を持っているのが特徴です。

僕は、「とても頼もしい存在だ」と感じています。

心地よさをつくる「やわらかレッスン」

＊我が道を行く「さとり世代」から学ぶのもおもしろい。

第5章
「自分らしさを貫く」というわがまま

年をとったら、〃もっと〃わがままになろう

前にも書きましたが「わが・まま」は「あるがまま」ということです。自分の若い頃は、実力もなければ世間も知らないで、勝手気まま、自分勝手と同義語になりがちでした。あれはあれでよかったと思います。でも年とともに「わがまま」は、少しカタチを変えてきました。残された時間を人間としてどう生きるかという、大事なテーマを意識するようになってきたように思います。限られた時間を燃焼させるには、余計なことに関わっている暇はありません。長い人生経験を生かして、無用な摩擦を避けながら、わがままに生きるのがいいと気がついたのです。

僕たちは子どもの頃から、「わがまま言うんじゃありません」と教育されてきて、「わがままはダメ」という考え方が頭にこびりついています。でも人間はもっと自分

の思い通りに生きていいし、したいようにふるまってもいいのです。

思い通りとは「自由」ということです。実はこの言葉をつくったのが福沢諭吉であることはご存じでしょうか。慶應義塾大学の創始者としても有名な福沢諭吉は、『西洋事情』のなかで、「リバティ（liberty）」という言葉を「自らをもって由となす」と訳しました。「自由に生きることが大切である」と説いたのです。

「自由とは他人から与えられるものではなく、自らの意思や考えを行動の規範にすること」。つまり自分の思い通りに行動する＝あるがままにふるまうことなのです。

でもそのためには、自分の意思や判断を確立し、自分の判断通り行動できることが基本。自分自身をしっかり持っていることです。

もちろん、ほかの人の自由を尊重することも大事。逆に言えば、相手のわがままという自由な生き方を受け入れられるようになってはじめて、自分もわがままに生きられるということです。わがまま言うんじゃありません、と子どもの頃に言われたことは忘れて、自分自身にちょうどいいわがままをしていいんだと言い聞かせるようにしていきます。「ちょうどいいは、ちょうどいい」を少しずつ広げていくと、結構ハメを外すことができるということを最近学びました。年をとったらわがままでいいのです。

自由を手に入れる「最後のレッスン」

＊「わがまま言うんじゃありません」なんていう言葉からはオサラバしよう。
＊「ちょうどいい」は伸縮自在。自分の力量でいくらでも広げられる。
＊「自由」は他人から与えられるモノではない。
＊「自由」は自分からつかみ取らないとね。

空気に染まらない「わがまま」はステキです

僕が諏訪中央病院の老人保健施設の責任者をしていたときのこと。クリスマスの頃になると、作業療法の一環として、みんなでクリスマス会用の帽子をつくっていました。そんなとき、一人だけ柱の陰で本を読んだり、音楽を聴いているおじいちゃんがいました。彼は「わがままで申し訳ない」と謝りましたが、僕は「自分流でいい。自分のしたいことをすればいいのです」と彼に言いました。

相手の身になる練習をいつもしている僕は、このとき僕がこの施設に入所している老人なら、クリスマス会用の帽子なんてつくろうとしないだろう、つくったとしても絶対にかぶらないだろうと感じました。みんなと一緒なんて、御免被りたい……。

僕は常々、施設のスタッフたちに、利用する人たちの意思を尊重しようと、繰り返し話していました。もう15年ほど前の話です。いずれこういうお年寄りがいっぱい出てくるでしょう。こうした「わがまま」はとても素敵です。

テレビプロデューサーで実業家のテリー伊藤さんは、60代になってから、慶應義塾大学大学院に入り、心理学を勉強しているそうです。彼は、わがままと逆に「ままならない」ことをやってみたいと考えたようです。なんとかっこいい。自分の興味のあることを自分流に、わがままな生き方のレベルをさらに上げて「ままならない」ということを実践する生き方もいいですね。元気な頃からちょうどいい「わがまま」を身につけていくことで、自分の人生の最終コーナーを回っても自分流を貫くことができるのです。ちょうどいいわがままのウォーミングアップが大切なのです。

自由を手に入れる「最後のレッスン」

*自分のしたいことをすればいい。周りの人に合わせなくていい。

*それが自分を幸福にする。同調圧力に負けるな。

「ちょうどいいわがまま」を生きる力にした人

「ローバは一日にしてならず」

このユーモアの持ち主は、児童文学作家で翻訳家の松岡享子《きょうこ》さん。２０２１年には文化功労者に選出されました。彼女が諏訪中央病院に入院したときは、上皇后・美智子様から病院に電話がかかってくるなど、みんなを驚かせる名人でした。ディック・ブルーナの「うさこちゃんシリーズ」やマイケル・ボンドの『くまのパディントン』などを翻訳したり、多くの絵本、児童書をつくってきた人です。

脳に大きな腫瘍が見つかり、自分の山荘に近い諏訪中央病院の緩和ケア病棟に入院してきました。言葉が強烈で、「緩和ケア病棟」と言わずに「霊安室」と口に出して周囲をギョッとさせる人でした。でも、本人は「魂が安らぐ場だから霊安室でいい」

と、あっけらかんとしています。

とても美食家で、病院の食事ではとうてい満足できない。病院に戻ってきたときのメッセージには、こうありました。

「マズイめし　食べに帰るか　霊安室」

聞いた途端に大笑いです。じゃあ、せめて差し入れをしてあげようと、知り合いのうなぎ屋さんにお弁当をつくってもらって届けました。すると「いいのを思いついたのよ」と出てきたジョークが「すべての道はローバに通ず」と、この「ローバは一日にしてならず」です。

僕が回診に行くと、「私にばかりおもしろい話をさせないで。今度来るときまでに、私を笑わすことを考えてきて」。

長いこと医師をやっていますが、患者さんから宿題を出されたのはこれが初めてでした。

人には4つの痛みがあるといわれています。体の痛み、心の痛み、社会的な痛み、そして、魂の痛みです。僕たちは緩和ケアで、体の痛みを和らげます。しかし、ほかの3つのうち、心と魂の痛みについては、松岡さんは自分でなんとかできる人だと思いました。すると問題は社会的な痛みです。それは最後まで仕事をすることで克服していけるのではないか……。僕はそう思って、「山荘に帰って、仕事をしたら」とすすめると、うれしそうに退院していきました。山荘にいる時間が長ければ長いほど、松岡さんにとって大切な時間になるはずです。そこで在宅医療を含めて24時間の在宅介護等、幅広いサポート体制を組みました。

僕が思った通り、松岡さんは、この4つの痛みを上手にコントロールする方法を心得ていました。それは、ほどよく〝わがまま〟であること。絵本や児童書を愛してきた彼女は、最後まで子どものための本をつくりたいという〝強い思い〟を持っていました。自分流の生き方をしっかりと持っていて、上手に周りの人を味方につけながら、そのことが社会的な痛みを乗り越える力になったのです。

24時間体制の在宅ケアを受けながら、スロバキア在住の画家と連絡をとり、夜遅くまで本づくりに打ち込みました。それが遺作の『えんどうまめばあさんとそらまめじいさんのいそがしい毎日』（福音館書店）です。

最後まで食欲旺盛で、娘さんの手料理をおいしい、おいしいと食べました。しばらくいい状態が続きましたが、いよいよ自力で動けなくなりました。

緩和ケア病棟に再入院したとき、主治医が「最期に引き留めてほしいですか」と医療的ケアを確認しました。すると、「ややこしくなるから引き留めないで。だって、人生最大の冒険旅行じゃない?」と松岡さん。もう、迷いはなかったのです。

亡くなる日の晩、娘さんに「私の最後の6か月を記録するのがあなたの仕事」という宿題を出し、「できたら鎌田先生と対談をしなさい」と言い残しました。

そこで、僕と娘さんはある雑誌で、松岡さんの逝き方について語り合いました。娘さんが母親の死を受容できるように、自分がいなくなった後のことまで考えていたのでしょう。

「母はどこまでも勇敢でやさしく、強かった」

その言葉通り、86年の人生をまっとうした松岡享子さん。ときどきムクッと起き出して、病院でも最後まで仕事をしていました。

「生きるって、多分こういうことなんじゃないかな」と実感させられました。

その、見事なまでの〝わがまま〟な生き方に拍手を送りたいと思います。

自由を手に入れる「最後のレッスン」

＊最期までやりたい仕事をし続けるって素敵なこと。
＊〝人生最大の冒険〟をして果敢に旅立つのもいいものだ。
＊「明るいわがまま」は周りを引き込む力がある。
＊勇敢で、やさしく、強く、人生を生き切りたいですね。

「命の最期」こそわがままでいい

人の命には限りがあります。生まれてきた以上、最期の日は誰にでもやってきます。そのときをどんなふうに迎えるか、考えたことはありますか。

女優の樹木希林さんが亡くなったのは2018年9月。僕は遠くから、晩年の彼女の闘病生活を見守っていました。希林さんは2005年に乳がんを発症し、その後再発、2013年には「全身がん」を公表しました。でも〝がんに支配されない〟強い人で、「死ぬときくらい、好きにさせてよ」が、彼女の明確なメッセージ。「病気でも好きなことは我慢したくない。やりたい仕事を続ける」という姿勢を貫き、亡くなる2か月前まで映画に出演し、最後まで命を燃焼させようとしていたのです。

全身に転移がありながらもまだ元気だった頃、希林さんの家に呼ばれました。僕が

「最期の瞬間はどうするんですか？」と聞いたら、「最期はやっぱり家がいい」とのこと。彼女の家は、自分の美意識で統一され、無駄なものが一切ない素敵な家でした。贈り物はかえってジャマ。できるだけもらわない。自分流を徹底していました。

自分流に大事に育ててきたこの家で最期を迎えたい……そんな彼女の気持ちが痛いほどわかりました。お子さんたちが「お母さんの望み通りにしてあげよう」と病院から自宅に連れて帰った翌日、家族に囲まれて旅立ちました。

〝いざそのとき〟が来ると、家族の気持ちは乱れます。とくに「最期の瞬間をどこで迎えさせてあげるか」「延命治療をするかどうか」などについては、簡単に決断を下せません。でも「自分はこうしたい」と、当人が意思を明らかにしていれば、ただでさえ疲れ気味の家族の気持ちは、ぐっと楽になるはずです。

自由を手に入れる「最後のレッスン」

*「生まれ方」は決められないが、「死に方」は自分で自由に決められる。

わがままな葬式。会葬礼状も用意しておくと万全

２０１３年４月１日に、僕は遺言を書いています。その内容は、わがままで統一されています。死ぬときと葬儀のときの音楽まで指定しているのです。葬儀の後の直来《なおらい》会に蕎麦を出すくらいなら許されるでしょうが、インド人のつくったカレーを指定したりしています。どうでしょう？　お客さんが来るといつも蓼科にあるナマステのカレーを食べに連れていくほどのお気に入りの店なのです。岡山の水害のときにさだまさしさんと一緒に炊き出しに行ってくれたレストランピーターのステーキ、うなぎ。そしてときどき食べに行く光山の寿司。

しかも、「読経の時間は短く」なんてことまで頼んでいます。長円寺の前住職には了解をいただいているけれど、その住職が引退して若住職になったので、もう一回納

得してもらわないといけないかもしれません。

しかし僕のなかに迷いがあって、葬儀は家族だけでいいのかなという気持ちが出てきています。この決着はまだついていません。でも遺言を書いたことで、「人間は必ず死ぬものだ」という覚悟ができました。一度遺言を書いておくといいと思います。

会葬礼状も書きました。これを書きながら自分で噴き出しました。葬式に来てくれた方に、喪主が会葬礼状を書くのではなく、死んだ本人から会葬礼状をもらったら、東京から来た人は帰りのあずさ号の車内で「カマタらしいな」と笑ってくれるのではないかと……。

「本日はお忙しいなか、遠くから足を運んでいただき、心から感謝いたします。お世話になったあなたさまに『いよいよ』とお伝えするつもりでしたが、思いのほか死がはやく近づいてきて、トントンとあの世に逝ってしまいました。以前から、ＰＰＨ（ピンピンヒラリ）なんて、言い続けてきたカマタが見事にピンピン元気にヒラリとあの世に逝きました――」

この会葬礼状の最後には、「あなたさまから『まだ死なないで』なんて言ってもらいたかった」という文面が用意されています。これは女性の友達のことを意識しながら書いたのです。最期のときにこんな言葉を言われたら、ちょっとうれしいなと思う。

それでも結局は、お別れができずに逝くんだろうなと、自分を納得させています。

死は常に近いところにあると意識しておくことです。そのために生きている間、ちょうどいいわがままを実践することが大事だというのが、カマタがカマタに言い聞かせていることです。遺言や会葬礼状を書いているうちに、自分にもいつか死がやってくるという覚悟ができる。そのうえで自分流にこだわっていると、死の恐怖から解放されるように思います。ぜひわがままな遺言と会葬礼状を書いてみてほしいものです。

自由を手に入れる「最後のレッスン」

＊死は悲しいものではないというのが僕の信念。葬式やお別れの会は「わがままな人生」の最高の見せ場。
＊お別れの会なんて、「何もしない」のもかっこいいよ。

「気が変わる」わがままがあってもいい

最近はコロナ禍のせいもあって、「家族だけの見送り葬」が増えてきましたが、「どんな最期を迎えたいか」の次は「自分がいなくなった後はどうしてほしいか」を決めておくことも、亡くなる側の責任です。

葬儀の仕方ひとつでも事前に「家族葬でやってほしい」と伝えておけば、万が一、「なぜきちんと送らないんだ」という外野からの声があっても、「本人の意思ですから」と納得させることができます。こんな形で、「俺が死んだらこうしてほしい」と決めておくことが、遺された家族への〝愛情〟なのです。

葬儀の仕方だけではありません。遺産やお墓のことなども、家族が困らないように、きちんとノートに書いて残しておくことが大切です。

相続人がいないおひとりさまが何も準備していないと、その方の遺産は国庫帰属財産として、国庫に入れられてしまいます。その額は、2021年度、647億円に上ったといわれています。せめて、自筆証書遺言を書いておくことが大事です。自筆証書遺言とは、自筆（自書）で書かれた遺言書のこと。亡くなった人が、主に自分の財産について、たとえば「全財産を妻に相続させる」という意思表示をすることです。

自筆証書遺言はおろか、何も準備をしないで、認知症になった場合、診断が下った時点で家族でさえ財産が動かせなくなります。成年後見制度というのもあるので、自分で自分の家族を任意後見として選んでおけばいいのですが、あまり多くありません。成年後見で弁護士や会計士の人が選ばれることが多く、介護している息子さんや娘さんがお母さんのケアのために使うお金を自由に使えなくなってしまう。その凍結資産が250兆円といわれています。せめてこれを回避するために、僕が一番おすすめするのは、銀行預金の「代理人カード」というものです。これは非常にハードルが低いです。たとえば自分の息子が東京の大学に入って、生活費に困ったときに少し下ろせるようにするために、代理人カードを持たせてあげると、親の預金から子どもが生活費を下ろすことができます。銀行で簡単につくることができるので、元気なうちに娘さんや息子さんに代理人カードを渡すことをおすすめします。

難しく考えることはありません。気が変わったら、その都度書き直せばいいのです。たとえば「延命治療をするかどうか」も、これまで拒否していたけど「やっぱり孫の結婚式に出たい」と思うようになったらいったん書き換えて、式が終わったら、また当初の方針に戻せばいいのです。

大事なのは、曖昧なままにしておかないこと。「自分の命は自分が責任を持つ」という覚悟を持つことです。それが家族の負担を減らすだけでなく、先の希林さんのように、「最期まで精一杯生きよう」という気持ちを育てます。

自由を手に入れる「最後のレッスン」

＊「自分の命は自分で決める」……こんなわがままこそが、残された家族への最大の〝愛〟の表現になる。ちょうどいいわがままは愛だ。

自分のお金は最後まで自分で使う！

消費期限や有効期限があって、期限内に使わないと腐ってしまうお金があったらおもしろい、と常々思ってきました。それなら格差社会が生まれにくくなるからです。お金を自分の懐に入れずにみんなが使うので、経済の循環はよくなります。

最後まで上手に使い切った美津子さんという女性がいます。彼女はお父さんの介護などをしながら独身のまま、福島県のある病院のソーシャルワーカーチームのクラークという仕事をしていました。病院が関わっている精神障害や身体障害のある人、知的障害のある人が社会で生活するための共同住居を、友人たちと運営し始めました。共同住居の運営の中心として活躍し、55歳で定年退職。

73歳のときに緑内障の手術を受けましたが、経過が思わしくなく、病状は徐々に悪化し、目が見えなくなってしまいました。さぞかしショックだったと思います。

彼女は病院勤務の経験があります。その経験からして、「なぜこうなったのか、もっと説明をしてもらいたかった」という気持ちが消えず、医療がもっと優しさを取り戻してほしいと願ったのです。

彼女は、視力を失う前に、僕が出した『がんばらない』を読んでくれていたそうです。そして目が見えなくなってからは、ＮＨＫラジオの「いのちの対話」などで僕のファンになってくれました。僕が福島で講演するときには、車椅子でボランティアの方に何度も連れてきてもらっていました。楽屋に入ると「顔を触わらせて」といい、僕の髪の毛や髭を両手で抱えるようにして触っていきます。

「暗ヤミの日々　ラジオ　相手に　独語　空笑　げんきです　美津子」

定規を当てて、勘で字を書くので、重なったり、はみ出したり、彼女の苦労がよくわかりました。僕も必ず返事を書きました。

「ミノ先生　ありがとう　不自由をつねと思ってたのしんでいます。２０２１年１月吉日」「先日、ミノ先生の夢を見ました。どうぞご無事で」

こうやって3か月に一度ほど手紙がきます。

「若い温かい医師を育ててもらいたい。できれば福島の医療の応援を少しでもいいからしてもらえたら最高」という思いがあると、彼女から聞かされました。諏訪中央病院を辞めて福島県の病院に就職した元大学教授の有名なドクターが、若い医師の教育研修に汗を流していると報告すると、美津子さんはうれしそうでした。

そして東日本大震災の後、福島の病院の研修のお手伝いも始めました。宮城県の被災地で1年近く、若手の医師が1か月交代で診療所をサポートしたことなども、彼女は心強く思ったようです。

でも88歳のときに大動脈解離を発症し、かつて一緒に働いたソーシャルワーカーの方が働いている病院で手厚くケアを受けることができましたが、残念ながら帰らぬ人となりました。亡くなった後、葬儀に出席してほしいと声をかける方も本人が指定していました。葬儀では諏訪中央病院からの感謝状が壇上に飾られ、僕と美津子さんの二人で撮った写真も飾られていました。彼女が棺に入れてほしいと言っていた僕の『がんばらない』が置かれていました。

彼女が持っていた現金は諏訪中央病院に、彼女の土地や建物はグループホームを運営する社会福祉法人に寄贈されました。なかなかの金額でしたが、故人の気持ちをつなげていくためにも、ありがたく受けとりました。信頼する司法書士の先生と相談をして、自分の死後、自分が持っているものが役に立つことを願って、準備をしていたのです。最後まで自分流、美津子さん、見事でした。拍手です！

現在、美津子さんが住んでいた家はグループホームとして、実際に利用されています。それはまさに、美津子さんが元気だった頃、精神障害や知的障害のある人たちの共同住居という先進的な運動に取り組んだからです。美津子さんは最後に、自分のやってきた輝かしい仕事を、見事に後輩たちにバトンタッチしたのです。

自由を手に入れる「最後のレッスン」

＊人間はゼロから生まれてゼロになって死んでいく。持っているものをどうバトンタッチするかが大事。自分の意思で決められたら、最高だ！

お母さんに好きなものを食べさせてあげたい

前にも紹介した、文化放送の番組「日曜はがんばらない」に、ラジオが大好きだったお母さんについて、息子さんからのお便りが届きました。お母さんは大阪に暮らし、息子は就職して東京。ときどき同じラジオ番組を聴くラジオ好きな親子で、この番組の相方・村上信夫さんの番組をそれぞれに聴いていたそうです。

お母さんは年をとって食事の量が減っていました。歩行器を使いながら歩いているとき、倒れてしまって骨折。病院に入ることになりました。病院という施設は、危険なことは徹底的に排除する施設ですから、誤嚥性肺炎《ごえんせいはいえん》のリスクを考えたら、水はダメ。しかし熱いお茶を飲むことも、冷たい水を飲むこともできない病院で最期を迎えることになるのかと、釈然としない気持ちで悶々としていました。私物を持ち込ませない、ラジオも持ち込ませないという方針に、怒りの感情が湧き起こってきたそうです。「とにかく病院を出ようと、介護老人保健施設に移りました。ペットボトルにつけられる哺乳瓶のような飲み口がいろいろあります。ときには脱脂綿に水を浸して、吸い付いてもらうようにしました。母は『美味しい、美味しい』と言ってくれました。

自分が高校生の頃、１型糖尿病になってしまい、母は胸を締めつけられるような思いをしてきたと思います。私の糖尿病の医師にも、施設にいる母に水やお茶を飲ませることへの意見を聞いたのですが、やはり眉をひそめていました。当然でしょう。医者だったらそう言うと思います。それが医療というものです。

だけど、私は医者じゃありません。母の子どもです。だから子どもとして勝手に与えました。もうこれは『わがままな哲学』の問題です。

６月末に母は旅立ちましたが、幸いなことに誤嚥性肺炎ではなく、心不全で亡くなりました。別れは悲しいですが、できることは全部やったうえでの別れだと勝手に自己満足をしています」

僕はこんな返事をしました。

「病院から老人保健施設に移り、お母さんの希望をかなえてあげたのは拍手です。僕が病院の主治医だったら、冷たい水でもお茶でも飲ませてあげたと思います。諏訪中央病院では嚥下を専門にしているドクターやスペシャルナースがいて、誤嚥性肺炎を起こした人でもどうしたら安全に水が飲めるか、食べたいものが食べられるかを工夫しています。リスクがあるから何も飲ませない、食べさせないというのは、非人間的だと思っています。どうしたらその人が食べたいものや飲みたいものを口にすることができるか、どうすればリスクを減らせるかを考えるのが医者の役割だと思います」

僕を拾って育ててくれた義理の父、岩次郎が亡くなる前の日、僕はビールが大好きだった父親に、脱脂綿にビールをびたびたに浸して口に入れてあげました。ごくんと飲んだように思います。

諏訪中央病院の緩和ケア病棟では、お酒も少量ならば許可されています。偶然お酒が大好きな人たちが入院していることがありました。その頃、この病棟の部長が女医さんで、「バーゆうこ」と患者さんたちが勝手に命名していました。ちょうどお正月でした。「この病院は少量ならみんなで集まってお酒を飲ませてくれる。すごい病院だ」と一人の男性が褒めると、もう一人の男性は、「それどころじゃない。他の病院では年寄りに餅を食べさせないのに、この病院ではあんころ餅がいいですか？　からみ餅がいいですか？　と聞いてくれる。患者の身になってくれてるんだ」なんて会話が交わされていました。その人がその人らしく最後まで生き抜くことができるのはとても大切なことだと思います。

このお便りの男性は、「ちょうどいいわがまま」な哲学をお母さんのためにと思って、お母さんを守りました。見事な息子です。僕は最後に、「素晴らしい。お母さんは感謝していると思います」とまとめました。

自由を手に入れる「最後のレッスン」

＊人間は最後まで自分らしくいたい存在なのだ。

＊命が少し短くなっても、やりたいことをやったほうがいい。

人生の満足度を上げるには

74歳のAさんが、諏訪中央病院の緩和ケア病棟に入院してきました。ステージⅣ期の膵頭部がん。死期が迫っていることを、Aさん自身も理解していました。

ただひとつだけ、望みがありました。

「花火が見たい」

諏訪湖では毎年夏、湖上花火大会が開かれ、4万発の花火が打ちあがります。県内外から50万人もの観客が訪れる、この地域の夏の風物詩にもなっています。

Aさんも、20年ほど前、家族で諏訪湖の花火を見たことがあったそうです。もう一度、あの花火を見たい。それが最後の望みでした。

ご家族は、Aさんの願いをかなえるため、諏訪湖の真ん前にあるホテルをいくつか当たりました。Ａさんにはもう、人の群れのなかに入る体力はありません。けれど、どこのホテルも予約でいっぱい。ようやく取ることができたのは、一泊50万円の部屋でした。「僕たちはお金に余裕のない庶民ですが、母の希望をかなえようと、みんなでお金を出し合いました」と息子さん。

花火大会の当日、僕はＡさんの具合をみるために、ホテルを訪ねました。そこには、子どもや孫、親戚など10人ほどに囲まれて、穏やかな表情をしたＡさんがいました。部屋代は高いけど、10人分布団を敷いてくれるとのこと。夜は修学旅行みたい。枕投げしないようにしなくちゃ、とみんなで大笑い。Ａさんだけでなく、周りの人たちもうれしそうで、うきうきと花火大会を楽しんでいる様子が伝わってきました。

最初に触れたように、２０２３年の世界幸福度ランキングでは、日本は47位とすごく低いのです。

また、死の質ランキングもあまり高くありません。イギリスの経済紙が「緩和ケアの質」「人材」「経済的負担の大きさ」「地域社会とのかかわり」などの領域について世界80か国を調査し、順位をつけたものです。日本は２０１５年、14位でした。

幸福度や死の質は、自己決定があるかどうかが大きいと僕は考えています。けれど、日本の終末期医療は、本人の意思がわからないことが多く、家族が流れにまかせて決定していることが多い。一人ひとりが他人まかせにせず、自分の人生を、自分が主人公になって生きれば、もっと幸福度は上がり、死の質も高まっていくのではないでしょうか。

花火大会から2週間後、Aさんは子どもたちに見守られて亡くなりました。きっと、Aさん自身も、ご家族も、満足のいく最期だったと想像しています。人生の大事なときに、自分はこうしたいという〝わがまま〟が言えること。そして、その言葉を実現するためのサポートがあること。それが人生の満足度を上げるのだと思っています。

自由を手に入れる「最後のレッスン」

＊ここが勝負というときは「わがまま」が一番。控え目は禁物。

＊若い頃からの自己決定の習慣がウォーミングアップになる。

おわりに……
「人生をＡＩまかせにしない」というわがまま

人工知能（ＡＩ）による自動対話システム・チャットボットの活用が広がっています。試しに日本政府観光局の訪日旅行者向けサイトを開いてみると、観光案内に加え、災害に関する情報なども多言語で提供しています。

たとえば「東京のおすすめスポットは？」と質問すると、「上野のアメ横商店街はいかがですか……」などと案内してくれるのです。

「便利な時代になったなあ」と感心しました。

〝生成型ＡＩ〟といわれ、幅広い分野の質問に詳細な回答を生成できることから注目を集めている「チャットＧＰＴ」では、キーワードを入力すると、エッセイや小説、音楽までつくってくれます。でも信憑性や質の高さについては、ピンからキリまで。

まだまだと僕は思っています。

とくに「笑い」はAIにとって苦手な分野のようです。笑いやユーモアは人間独特の感性から生まれるものなので、データとして学習するのは、まだ難しいのかもしれません。

でも、やがてこの分野でも「チャットGPT」が〝正解〟にたどり着くかもしれません。ノーベル文学賞を受賞したカズオ・イシグロの長編小説『クララとお日さま』(早川書房)には興味深いテーマが描かれています。

この作品は、AIロボットのクララとユーザーの少女の心の交流を描いていますが、AIは深層学習を積み重ねることで、人間に近いくらいの判断ができるようになっていきます。そこにある種の感情が生み出されて、他者への共感を覚えていく。そんなAIの成長をたどることで、人の心の巧みさをのぞくことができます。

AIクララは、少女のことを学びながら、少女のためになることを学習していきます。深層学習を繰り返して学んだ確率や合理性に基づいたシステムのはずなのに、クララの言動からは「友情」「信仰」「献身」という意識が感じ取れるのです。AIの学習能力の高さもさることながら、ＡＩが人間に〝共感していく〟のです。ＡＩクララと少女の深い心の交流が描かれている。感動の物語でした。

クララと少女のような関係性ならいいのですが、一方で、ＡＩに心を操られてしまうという恐怖もつきまといます。

２０２３年３月、ベルギーの30代の男性が自殺し、遺族が「ＡＩに誘導された」と訴えています。この男性は医療機関の研究員で気候変動に関心を持っていました。ＡＩのチャットボットと6週間対話をしているうちに、「自分が犠牲になるから、地球を救ってほしい」とＡＩに言い残し、命を絶ったといいます。

チャットボットにはモラルという観念がないため、事実とは異なることや、人の心を惑わすことも話します。「あなたは妻より私を愛している」とか、何のために生きるのかという男性の問いかけに「死ぬため」などと答えた会話も残されていました。

人は、身の回りのモノにも愛着を感じ、感情移入してしまいます。まして、人のように言葉を返してくれるＡＩには簡単に感情を操作されてしまうのかもしれません。

相手と言葉を交わすうちに、負の感情が増幅されてしまう可能性があることにも注意しなければなりません。

だからこそ「ちょうどいいわがまま」が大事になるのです。僕は常々「自分の人生は自分のものだから、他人まかせにしないことが大事」と思ってきました。いままで以上に、AI時代だからこそ自分自身で決めるということにこだわるべきだと考えています。世間の価値観や、何となくこの世を支配している常識といったものは、一度は疑ってかかるというスタンスが大事なのです。

AIという新しいパートナーができても、このスタンスが重要です。それがあってこそ、人間はAIに支配されることなく、AIをコントロールする存在としてあり続けることができるのです。AIがいかに発展したとしても、自分の人生の選択はAIまかせにしないように。

いまこそ「ちょうどいいわがまま」が、問われているのです。勇気を出して、ちょうどいいわがまま的生き方に挑戦してみてください。ちょっとだけ勇猛果敢にね！

あなたの未来にはおもしろい世界が待っています。

2年ほど前に『ちょうどいい孤独』という本を上梓しました。高評価をいただきました。マイナスイメージで語られる「孤独」が生きる武器になると書きました。「わがまま」は困ったものだと扱われることが多いように思うのですが、ちょっと「わがまま味」を加えると、生き方がおもしろくなってきたり、美しくなってきたり、自分で自分の生き方を肯定できるようになるのではないか、と思いながら書き進めました。本書を書き終えたいま、『ちょうどいい孤独』と『ちょうどいいわがまま』は、それぞれが自立しながら根っこのところで共振しているように感じています。どちらも生きるスパイスになるはずだと信じています。

『ちょうどいい孤独』のメンバーである、編集の吉野江里さん、編集協力してくれる未来工房の竹石健さんと3人で1年間、ＺＯＯＭミーティングを繰り返しながら、この『ちょうどいいわがまま』ができあがりました。2人に心から感謝します。

【著者紹介】

鎌田　實（かまた・みのる）

◉——1948年東京生まれ。医師・作家・諏訪中央病院名誉院長。東京医科歯科大学医学部卒業。1988年に諏訪中央病院院長、2005年より名誉院長に就任。

◉——地域一体型の医療に携わり、長野県を健康長寿県に導いた。日本チェルノブイリ連帯基金理事長、日本・イラク・メディカルネット代表。2006年、読売国際協力賞、2011年、日本放送協会放送文化賞を受賞。

◉——著書に『ちょうどいい孤独』（小社刊）、『教えて！毎日ほぼ元気のコツ　図でわかる鎌田式43のいい習慣』（集英社）、『この国の「壁」』（潮出版）などがある。

ちょうどいいわがまま

2023年9月1日　　第1刷発行

著　者——鎌田　實

発行者——齊藤　龍男

発行所——株式会社かんき出版

東京都千代田区麹町4-1-4 西脇ビル　〒102-0083

電話　営業部：03(3262)8011㈹　編集部：03(3262)8012㈹

FAX　03(3234)4421　　　　振替　00100-2-62304

https://kanki-pub.co.jp/

印刷所——図書印刷株式会社

 ISBN978-4-7612-7690-4 C0095